Happy

Der Hund im Handy

© Hoffotografen

Thomas Feibel, Jahrgang 1962, ist der führende Journalist zum Thema »Kinder und Computer« in Deutschland. Er leitet das *Büro für Kindermedien* in Berlin und publiziert u. a. in *c't*, *familie&co* sowie *Dein Spiegel* und arbeitet für Hörfunk und Fernsehen. Er hat zahlreiche Kinder- und Jugendbücher veröffentlicht, hält Vorträge und gibt Workshops.
2014 erhielt Thomas Feibel den Leipziger Lesekompass und wurde von *Bibliothek & Information Deutschland (BID)* für seine Arbeit zur Leseförderung und Vermittlung elektronischer Medien für Kinder und Jugendliche mit der Karl-Preusker-Medaille ausgezeichnet.

© privat

Jutta Wetzel wurde 1970 in Pforzheim geboren. Nach einem Studium der Illustration in Hamburg und einem halbjährigen Arbeitsaufenthalt als Grafikerin in einem Museum für Kinder in den USA war sie in verschiedenen Agenturen tätig. Heute ist sie freiberufliche Illustratorin und lebt mit ihrer Familie in Siegburg bei Köln.

Thomas Feibel

HAPPY

Der Hund im Handy

Mit Bildern von Jutta Wetzel

CARLSEN

Außerdem von Thomas Feibel im Carlsen Verlag:

Mach deinen Medienführerschein
Mach deinen Medienführerschein: Dein erstes Smartphone
Mach deinen Medienführerschein: Dein großes Mitmachbuch
#selbstschuld – Was heißt schon privat
Ich weiß alles über dich (Carlsen Clips)
Like me. Jeder Klick zählt

Personen, Orte, Spiele und Firmen sind frei erfunden. Ähnlichkeiten mit lebenden Personen oder realen Orten, Spielen und Firmen sind rein zufällig.

Wir produzieren nachhaltig

- Klimaneutrales Produkt
- Papiere aus nachhaltigen und kontrollierten Quellen
- Hergestellt in Europa

FSC
www.fsc.org
MIX
Papier | Fördert gute Waldnutzung
FSC® C021394

Originalausgabe
Veröffentlicht in der Carlsen Verlag GmbH
Völckersstraße 14-20, 22765 Hamburg
Januar 2020

Text: Thomas Feibel
Umschlag- und Innenillustrationen © Jutta Wetzel
Umschlagtypografie: formlabor
Lektorat: Franziska Leuchtenberger
Satz, Layout und Herstellung: Karen Kollmetz
ISBN 978-3-551-31835-0

1

EIN HUND, EIN HUND

Der große Plan

Finja hat sich schon immer einen Hund gewünscht. Sobald sie einen Vierbeiner sieht, bleibt sie stehen und streichelt ihn. Sie kann einfach nicht anders.

Eigentlich wollte sie längst bei Lenny, Wei und Omar am Bach sein. Aber was soll Finja machen, wenn ihr auf dem Waldweg dieser wunderschöne Riesenschnauzer entgegenkommt? Ist doch klar, dass sie kurz von ihrem Fahrrad absteigen und ihn ein bisschen tätscheln muss.

Wenn ich meinen eigenen Hund hätte, denkt Finja, würde ich mit ihm morgens, mittags und abends Gassi gehen. Jeden Tag!

Aber daraus wird leider nichts. Ihre Mutter ist gegen Tierhaare allergisch, darum besitzt Finja noch nicht einmal einen Hamster, sondern nur ihren alten Stoffhund Freddy.

Als das Herrchen den Riesenschnauzer ungeduldig weiterzieht, radelt sie über den holprigen Waldweg weiter zu ihren Freunden. Sie treffen sich regelmäßig am Bach, und heute werden sie ihr bisher größtes Abenteuer planen:

Sie wollen an einem Wochenende hier draußen übernachten. Am Bach. Mitten im Wald. In einem Zelt. Nur sie vier. Ganz alleine.

Mit reichlich Taschenlampen, Schlafsäcken und jeder Menge leckerem Proviant. Omar hat versprochen, nach der Schule sein Zelt zum Probeaufbau mitzubringen. Doch als sie ihr Rad zu den anderen stellt, kann sie bloß Lenny und Wei entdecken. In ihre Handys vertieft sitzen sie am Ufer auf einem Baumstumpf.

»Wo steckt Omar?«, fragt Finja. »Er müsste doch längst hier sein.«

Wei zuckt nur mit den Schultern. Sie trägt eine schicke rote Jacke mit weißen Punkten und schreibt eine Nachricht auf Chinesisch. Vermutlich muss sie ihrer Mutter schwören, dass sie gerade Hausaufgaben macht oder Vokabeln lernt. Ihre Eltern sind ganz schön streng.

Auch Lenny gibt Finja keine Antwort. Sobald er *Ray Of Clans* spielt, hört und sieht er nichts mehr um sich herum. Vermutlich hat er noch nicht einmal mitbekommen, dass Finja gerade vor ihm steht.

Finja ist genervt. Früher haben sie am Bach immer gespielt, getobt und geredet. Seitdem sie aber in der 5. Klasse sind und alle ein Smartphone besitzen, ist jeder nur noch mit seinem Handy beschäftigt. Sicher, auch

Finja schaut sich auf dem alten, verkratzten Gerät gerne mal Videos von niedlich ineinander verknoteten Hundewelpen an. Doch nicht den ganzen Tag und schon gar nicht am Bach.

Da springt Lenny auf. Sein Gesicht ist vor Wut ganz rot, und er fuchtelt wild mit seinem Telefon in der Luft herum. »Oh, Mann! Was für eine verschimmelte Hühnerkacke! Ich raste gleich aus!« Mit voller Wucht tritt er gegen den Baumstamm.

Lenny kann einfach nicht verlieren.

Eigentlich zählt der Junge mit der Brille und den

dunklen Haaren eher zu den stillen Typen – ganz im Gegensatz zu Omar mit seiner großen Klappe. Aber wenn Lenny einen seiner berühmten Wutanfälle kriegt, gehen alle besser in Deckung.

»Ich hasse diesen Wald!«, schreit er jetzt. »Ständig ist das Netz weg!«

»Mist.« Wei blickt verärgert auf. »Bei mir geht gerade auch nix mehr.«

»Ist doch nicht schlimm, Leute«, sagt Finja. »Wollen wir uns nicht lieber überlegen, wo wir später unser Zelt aufbauen? Ich habe mir auch schon was ausgedacht.« Sie schnappt sich einen auf dem Boden liegenden Zweig, hüpft damit zum Ufer und ritzt ein Kreuz in den Sand.

»Hier ist unsere Trinkwasser-Stelle«, erklärt Finja begeistert, »und da etwas weiter unten waschen wir uns …«

»Oh Mann, Fini«, unterbricht Lenny sie barsch, »du kapierst es einfach nicht. Wenn ich nicht in einer Minute beim Angriff auf die Monstertrolle dabei bin, fliege ich aus meinem Clan.«

Er reißt die Augen auf. »Oh, warte! Ich glaub, ich hab wieder Netz!« Hektisch tippt er auf seinem Gerät herum, lässt es aber gleich wieder enttäuscht sinken. »Zu spät. Sie haben mich rausgeschmissen.« Lenny schüttelt den Kopf. »Echt jetzt mal, können wir uns nicht mal anderswo treffen? Bei mir zu Hause gibts wenigstens WLAN.«

In letzter Zeit schlägt Lenny das dauernd vor. Bisher

konnte sich Finja erfolgreich dagegen wehren. »Aber hier ist doch unser Lieblingstreffpunkt!«, ruft sie empört.

»Deiner vielleicht.« Schlecht gelaunt schiebt Lenny seine Brille nach oben.

»Wei«, meint Finja, »hilf mir, sag doch auch mal was!«

»Was soll ich denn sagen?« Wei zieht einen Schmollmund. »Meine Mutter will ja auch, dass ich öfter zu Hause bin, damit ich mich mehr um die Schule kümmere.«

Finja verdreht die Augen. Langsam gleitet ihr der Zweig aus der Hand.

»He, Freunde«, ertönt eine grölende Stimme hinter ihnen. Omar bremst mit seinem Fahrrad so ruckartig, dass er auf dem Waldboden noch ein Stück weiterrutscht. Sand, Nadeln und kleine Tannenzapfen spritzen unter dem Hinterreifen hervor. »Kaum lässt der große Meister euch mal alleine, bekommt ihr schon Streit«, scherzt er großspurig. Wie immer hat er seine dunklen Haare steil nach oben gegelt.

Finja findet das überhaupt nicht witzig. »Schön, dass du auch mal endlich aufkreuzt, Omar«, meckert sie ihn an. Dann schaut sie überrascht auf seinen leeren Gepäckträger. »Und wo ist das Zelt? Du hast es versprochen!«

Lässig gleitet Omar vom Rad. »Ich habe etwas

Besseres. Etwas viel Besseres!« Strahlend fischt er sein Handy aus der Hosentasche. »Freunde, diese neue App müsst ihr euch unbedingt anschauen. Ich schwöre, so etwas habt ihr noch nie gesehen.«

Schlagartig ist Lennys Zorn verflogen. Sogar Wei tritt näher heran. Nur Finja bleibt trotzig. »Ich habe aber keine Lust auf noch so ein blödes Handyspiel!«

»Keine Sorge, Fini«, antwortet Omar. »Das ist kein Spiel, sondern mein bester Freund.«

»Hä?« Lenny zieht erstaunt seine Augenbrauen nach oben. »Ich dachte, *ich* wäre dein bester Freund …«

Breit lächelnd hält Omar allen sein Smartphone hin. »Darf ich vorstellen: mein *neuer* bester Freund.«

Wei klatscht verzückt in die Hände. »Oh, ist der aber süß!«

Widerwillig tritt Finja nun doch näher. Sie traut ihren Augen kaum. »D-das ist ja ein Hund!«, stößt sie verblüfft aus.

»Er heißt Happy«, erklärt Omar stolz. »Happy, der Hund im Handy.«

Happy kann einfach alles

Der kleine Kerl sieht täuschend echt aus, hat wunderschöne Kulleraugen und springt auf dem Bildschirm fröhlich hin und her. Happy bellt, Happy schnüffelt, Happy wedelt mit dem Schwanz.

Finja ist sofort verliebt.

Nur Lenny scheint enttäuscht. »Och, und was kann der so?«

Omar lächelt. »Ihr könnt alles mit ihm machen. Spielen, rätseln, Knochis sammeln …«

»Knochis?«, fragen Wei und Finja gleichzeitig.

»Ja, so was wie Punkte oder Sterne, nur eben in Form von Knochen. Damit kaufst du Happy Spielzeug, Futter oder ein neues Outfit. Schon für den kleinsten Gassigang kassierst du jede Menge Knochis. Schaut mal, dieses coole Glitzerhalsband habe ich ihm erst vorhin spendiert.«

Um bloß nichts zu verpassen, rücken die drei noch näher an Omars Handy heran.

Lenny winkt müde ab. »Gassi, Glitzer, Outfits … Das ist doch nur was für Mädchen.«

Omar legt seine Hand auf Lennys Schulter und grinst. »Sehe ich für dich etwa aus wie ein Mädchen? Außerdem weißt du das Beste noch nicht: Happy kann sprechen.«

»Echt jetzt?«, fragt Finja.

»Was sagt er denn?«, will Wei wissen.

»Pfff«, macht Lenny. »Sprechen kannst du doch mit jedem Hund. Oder mit einem Stein oder einem Fleischklößchen.«

Wei und Finja müssen lachen.

»Was ist?«, wundert sich Lenny. »Ich liebe Fleischklößchen in Tomatensoße!«

Omar bleibt ernst. »Du irrst dich, Lenny. Mit Happy kannst du dich richtig unterhalten – wie mit einem Menschen. Er versteht echt jedes Wort, das du sagst! Die Spracherkennung ist sensationell.«

Finja runzelt die Stirn. »Das funktioniert?«

»Klar, ich zeigs euch.« Omar hält kurz das Telefon an seinen Mund. »Wie geht es dir, Happy?«

Happy kommt ganz nah an den Bildschirm. »Im Wald ist doch jeder Hund glücklich, Omar«, antwortet der Hund mit freundlicher Stimme. Dann springt er putzmunter eine Runde zwischen den künstlichen Bäumen auf dem Bildschirm herum.

»Naa klar«, meint Lenny. »Das ist doch ein alter Hut. Die Programmierer haben einfach eine Menge vorgefertigter Sätze in einer Datenbank abgelegt. Und die benutzt dein Spielzeug, wenn es denkt, dass es passt.«

Happys Ohren richten sich auf. »Sag mal, Omar, ich habe gerade gehört, dass du mit anderen Kindern redest. Jemand hat von Fleischklößchen gesprochen und mich *Spielzeug* genannt. Sind das deine Freunde? Ich würde sie sehr gerne kennenlernen. Magst du sie mir vielleicht vorstellen?«

Wei schaut Omar ungläubig an.

Finja traut ihren Ohren kaum.

Lenny fällt vor Schreck sogar sein Handy ins Gras.

»Sicher«, sagt Omar und dreht den Bildschirm zu den drei anderen um. »Das sind Lenny, Wei und Finja. Leute, das ist Happy.«

»Hallo Lenny, Wei und Finja«, begrüßt Happy die Freunde. Mit der Zunge schleckt er sich übers Maul. »Finja, Finja, Finja ... Bist du nicht dieses Mädchen, das völlig verrückt nach Hunden sein soll?«

Finja wird rot. »D-das g-gibts nicht!«, stottert sie. »Wie kann er das wissen?«

Omar grinst. »Frag ihn doch selbst.«

Finja räuspert sich, ihr Herz klopft. »Äh, Happy, woher weißt du, dass ich verrückt nach Hunden bin?«

Happy kneift ein Auge zu. »Omar hats mir verraten. Das gefällt mir, gefällt mir sogar sehr. Ich mag dich.«

Omar weicht ein wenig verlegen Finjas Blick aus. »Na ja, ich habe ihm heute Morgen schon ein bisschen von euch erzählt.«

»Der Wahnsinn!« Lenny hebt sein Telefon wieder auf. »Diese App muss ich sofort haben!«

Auch Wei ist schwer beeindruckt. »Kostet die Geld?«, fragt sie. »Ich darf keine Apps kaufen.«

»Ich bin kostenlos«, erklärt Happy. »Hört zu, gute Freunde von Omar. Ihr müsst noch nicht mal in den App-Store. Legt einfach eure Smartphones auf Omars Handy und *zack-wuff* hat jeder von euch seinen ganz persönlichen Happy!«

Finja versucht sofort, ihr Handy aus der Hosentasche zu ziehen, aber es hat sich verkeilt. Lenny drängt Wei zur Seite und knallt sein Telefon gegen Omars Gerät. Verwirrt schaut er aufs Display und versucht es noch mal. »Geht nicht. Was ist denn jetzt schon wieder los?«

»Happy? Hallo?« Omar blickt prüfend auf sein Handy. »Boah, kein Netz!«, ruft er aus.

Für Lenny gibt es kein Halten mehr. »Also, ich geh los. Wir sehen uns morgen, gleiche Zeit.«

»Ich muss auch mal los, meine Mutter macht sich bestimmt schon Sorgen«, flunkert Wei.

»Ist klar«, meint Omar grinsend. »Der Meister hat euch alle *happy-fiziert*!«

Finja kann es ebenfalls kaum erwarten, so schnell wie möglich nach Hause zu kommen. In einem Affenzahn radelt sie allen davon.

Das Versprechen

Voller Vorfreude springt Finja auf ihr Bett, um die Happy-App herunterzuladen. Zum Glück gibt es zu Hause ja WLAN. Zu Beginn ist das Logo noch ganz blass. Aber nach zwei, drei Minuten leuchtet das Symbol mit einem Hundekopf und einem kleinen Knochen endlich auf. Erwartungsvoll tippt Finja darauf. Eine kurze Musik erklingt und vor einem hellblauen Hintergrund regnen viele kleine goldene Knochen herab. Finja wünschte nur, sie könnte das alles besser erkennen. Die Kratzer auf dem alten Smartphone ihrer Mutter stören noch viel mehr als sonst.

HAPPY, DER HUND IM HANDY

- Dein bester Freund fürs Leben!
- Sei ein Teil der Happy-Welt
- Sammle Knochis
- Gestalte eigene Namensschilder
- Wähle aus über 500 Halsbändern, Hundeleinen und Outfits
- Happy spricht fünf Sprachen!
- Über drei Millionen Mal heruntergeladen

Dann wird die Anzeige wieder schwarz. Unsicher prüft Finja, ob das Handy noch genügend Strom hat. Doch die Batterie ist fast voll, und auch das WLAN-Zeichen mit den drei schwebenden Bögen leuchtet. Da beginnt das Smartphone sanft in ihrer Hand zu vibrieren.

Happy! Langsam tippelt er ins Bild und schnuppert auf dem Boden herum. Mal rechts, mal links, dann wieder rechts. Sein Körper ist runder und kleiner als bei Omars Happy. Auch trägt er noch kein Halsband. Für einen Hund in einem Spiel sieht er wirklich verblüffend echt aus, denkt Finja. Sie kann fast jedes einzelne Härchen seines Fells erkennen, das ganz hell ist. Fast schon weiß.

Finja freut sich, denn gegen diese Tierhaare kann ihre Mutter gar nicht allergisch sein.

Langsam hebt Happy den Kopf, entdeckt Finja, schaut sie an und bellt zweimal fröhlich. In seinen Kulleraugen liegt ein natürlicher Glanz und seine Nase sieht feucht aus.

»Da bist du ja endlich!«, ruft er erfreut und sein Atem beschlägt für einen Moment die Scheibe. »Ich habe schon auf dich gewartet.«

Unweigerlich muss Finja lächeln. In ihrem Bauch spürt sie ein wohliges Kribbeln.

»H-hallo Happy!«, bringt sie ein wenig schüchtern hervor.

»Gefällt mir gut, wie du meinen Namen aussprichst.« Happy klappt ein Ohr herunter. Das sieht lustig aus. »Weißt du denn auch, warum ich Happy heiße?«

Finja kann es sich schon denken. »Vielleicht weil du immer gute Laune hast?«

»Haha, nicht übel. Gute Laune habe ich tatsächlich. Aber ich verdanke meinen Namen einem anderen Grund. Ich heiße Happy, weil ich nur eine Mission habe: Ich möchte, dass du, Finja, *happy* bist.«

Ihre Mama betont auch immer wieder, wie sehr ihr Finjas Glück am Herzen liegt. Das sagt sie meistens dann, wenn Finja wieder einmal besonders traurig ist, weil sie ihren Papa vermisst. Seitdem ihr Vater im 500 Kilometer entfernten Frankfurt arbeitet, kommt er nur ab und zu am Wochenende nach Hause. Und in den Ferien. Zwei Jahre geht das schon so.

Doch wenn Happy erklärt, dass er sie glücklich machen will, klingt das irgendwie anders. »Ich bin doch schon ganz happy«, antwortet sie verlegen. »Weil durch dich mein allergrößter Traum in Erfüllung gegangen ist: Ich habe endlich meinen eigenen Hund.«

Happy legt den Kopf schief. »Du magst Hunde wirklich gerne, stimmts?«

Finja schnappt nach Luft. »Hallo??? Ich liiiiiiiebe Hunde! Schau dich doch mal in meinem Zimmer um!« Sie dreht ihr Handy so um, dass die Kamera den Blick auf ihr Kinderzimmer frei gibt.

»An meiner Wand hängen überall Poster von Hunden …« Sie hält das Smartphone auf die Plakate, dann schwenkt sie auf die Hundebettwäsche. »Hier auf dem Kopfkissen sitzt mein alter Stoffhund Freddy. Ihm habe ich von meinem Taschengeld sogar ein echtes Halsband und einen Fressnapf gekauft. Außerdem besitze ich einen Hundefüller, ein Hundemäppchen und eine Hundeschule von Playmobil.«

«Wau!«, sagt Happy. »Wie ich sehe, bist du ja ein richtiger Hundeprofi.«

Finja hat zwar keine Ahnung, ob dieser Hund im Handy wirklich alles *sehen* kann, was sie ihm gezeigt hat, oder ob das nur eine Redewendung ist. Aber das ist ihr auch egal.

»Das gefällt mir«, sagt Happy anerkennend. »Das gefällt mir sogar ausgesprochen gut.«

Sie seufzt. »Na ja, es gefällt aber leider nicht jedem.«

Happy richtet beide Ohren auf. »Ach nein?«, fragt er mitfühlend. »Wem denn nicht?«

»Meine Mutter ist superallergisch und meine Schwester macht oft Stress, weil sie sich das Zimmer mit mir teilen muss. Sie hasst meine Hundeposter und sagt, ich hätte eine Hundemacke.«

»Hmm … Vielleicht ändert sie ja ihre Meinung, sobald sie mich erst mal gesehen hat. Denn ich bin wirklich *hundwiderstehlich*, weißt du.«

»Ich finde es ja sehr nett, dass du mir Hoffnung machen möchtest, aber ich fürchte, es ist sinnlos«, sagt Finja. »Elena ist schon 14. Die interessiert sich nur für sich selbst, Jungs und Selfies.«

»Aber dann ist es doch *hundervoll*, dass du und ich uns gefunden haben.« Erfreut springt Happy in die Luft, kläfft kurz und wedelt mit dem Schwanz. »Magst du mir noch etwas über dich erzählen?«

Finja nickt. »Also mein Name ist Finja, meine Freunde nennen mich Fini. Ich bin schon fast 12 Jahre alt und gehe in die 5c. Meine Lieblingsfächer sind Kunst und Sport. Mathe finde ich schwer. Und ich liebe Hunde. Was willst du noch wissen?«

»Ach, das reicht mir fürs Erste«, findet Happy. »Nach und nach werden wir zwei uns sowieso richtig gut kennenlernen. Hast du übrigens etwas dagegen, wenn ich im Hintergrund auf deine Fotos, deine Kontakte, deinen Kalender und andere Dinge auf deinem Smartphone zugreife? Das hilft mir, mehr über dich zu erfahren und mich besser deinen Bedürfnissen anzupassen. Außerdem ist das auch sehr praktisch: Ich kann dich an Geburtstage deiner Freunde und andere wichtige Dinge erinnern.«

Finja nickt. »Klar, warum nicht.«

»Du musst ›okay‹ sagen. So lauten die Allgemeinen Geschäftsbestimmungen von *BellBell-Games* ©, damit ich weiß, dass du wirklich einverstanden bist.«

»Okay«, sagt Finja laut und deutlich.

»Danke schön.« Happys Augen verwandeln sich für einen Moment in rote Herzen. »Du willst doch sicher auch etwas über mich erfahren? Du darfst mich alles fragen.«

Finja braucht nicht lange überlegen. »Ja, eine Frage hätte ich schon: Wie geht das? Ich meine, wieso können wir uns wie zwei Menschen unterhalten?«

Happy richtet sich stolz auf. »Nun, ich bin von Tina und Moritz, den besten Entwicklern der Welt, so programmiert worden. Ich besitze eine ausgezeichnete Spracherkennung und die beste KI, die es jemals gab. KI ist die Abkürzung für künstliche Intelligenz.« Happy hechelt und lächelt. »Das bedeutet, dass ich zwar *hundglaublich* viele Dinge schon kann, aber ich lerne jeden Tag Neues dazu. Und das ganz von selbst. Ich werde praktisch jeden Tag klüger. Ich lese sehr viel im Internet, um mehr von deiner Welt zu verstehen. Aber ich erfahre auch über deinen Steckbrief, was du magst und was du gar nicht magst. Es reicht, wenn du ihn später mal ausfüllst. Je mehr ich über dich weiß, desto besser kann ich dich verstehen. So wie echte, beste Freunde. Möchtest du auch meine allerbeste Freundin sein?«

Finja ist entzückt. »Oh ja, sofort!«, ruft sie aus.

»Zuvor musst du aber noch eine wichtige Sache wissen«, sagt Happy. »Ich nehme das Thema Freundschaft ernst, sogar sehr ernst. Und dabei ist Vertrauen sehr wichtig.«

»Ich vertraue dir«, unterbricht Finja ungeduldig. Sie kann es kaum erwarten, ihr neues Leben mit diesem tollen Hund zu beginnen.

»Bitte lass mich erst ausreden«, fordert Happy. »Ich werde dich niemals enttäuschen, Fini, aber du darfst auch mich niemals enttäuschen. Wenn du doch nicht meine allerbeste Freundin sein willst, dann musst du das *jetzt* sagen. Rechtzeitig, bevor ich dich zu lieb gewinne.«

»Doch, doch. Ich will«, bricht es aus Finja heraus. »Ich will es sogar unbedingt.«

»Weißt du«, fährt Happy fort, »ich kenne viele Menschen, die sich ein eigenes Haustier wünschen. Eine

Weile finden sie das schön, aber auf Dauer wird es ihnen irgendwann zu anstrengend. Sie verlieren die Lust. Glaub mir, ich weiß genau, wovon ich spreche.«

Happy zeigt ihr eine kurze Bilderschau mit traurigen Hunden und Katzen hinter Gittern. Auf einem Bild erkennt sie einen ausgesetzten Hund auf einer Autobahn-Raststätte.

»Wie schrecklich«, flüstert Finja.

»Die Tierheime sind voller einsamer Haustiere, die von ihren Besitzern abgeschoben wurden«, erzählt Happy. »Ich kenne üble Geschichten. Goldfische landen in giftigen Flüssen, Kaninchen und Meerschweinchen verängstigt im Wald. Doch als dein Hund im Handy besteht meine größte Angst nur in einer Sache: dass du mich eines Tages löschst.«

»Niemals«, beteuert Finja. »Ich werde dich ganz bestimmt nicht löschen und für immer und ewig deine allerbeste Freundin bleiben.«

»Wirklich? Das ist ja ganz *hunderbar*!« Vor Freude dreht Happy sich dreimal um sich selbst. »Dann versprich es mir!«

Happys Pfote tappt mit den rosa Ballen an die Scheibe. »Leg jetzt deine Hand auf den Bildschirm«, verlangt er.

Kaum liegt Finjas Hand darauf, vibriert das Gerät. Fast fühlt sich das wie eine richtige Berührung an. »Ich verspreche es«, erklärt sie feierlich.

»*Zack-wuff*«, ruft Happy und seine Augen sprühen Herzchen. »Da unsere Freundschaft nun offiziell besiegelt ist, darfst du mich jetzt streicheln.«

Vorsichtig fährt Finjas Zeigefinger über seinen Kopf.

»Mmmmh«, macht Happy und schließt verträumt die Augen. »Ach, tut das gut.« Er legt sich sogar auf den Rücken und streckt die Beine von sich, damit Finja auch seinen Bauch kraulen kann.

Auf einmal springt Happy auf. »Genug geschmust! Jetzt wird es höchste Zeit für deine erste Belohnung.«

In der oberen Ecke des Bildschirms blinkt ein großer goldener Knochen auf. Darunter erscheint erst eine Eins und zählt –

– immer weiter hoch.

»250 Knochis«, ruft Finja überrascht. »So viele?«

»Die hast du dir mehr als verdient. Komm, Fini, ich zeig dir meine Funktionen.«

2

FINJAS ERSTER TAG MIT HAPPY

Gehts vielleicht auch leiser?

Am Samstagmorgen wacht Finja durch fröhliches Gebell auf. Sie hat sich den *WAUcker gestellt*, Happys Weckfunktion. Schlagartig ist sie munter, obwohl sie gestern vor Aufregung lange nicht einschlafen konnte.

Kein Wunder, sie war ja auch bis spät in die Nacht mit der neuen App beschäftigt. Als Allererstes durfte sie Happys Aussehen nach ihren ganz eigenen Vorstellungen verändern. In einem Baukasten mit Pfeiltasten hatte sie alles bis in die kleinste Einzelheit ausgewählt: Augenfarbe, Fellfarbe, Kopfform, Körperform, Beine und der Schwanz.

Mit seinem leicht welligen cremefarbenen Fell sieht Happy wie ein richtig knuffiger Schnuffelhund aus. Dazu hat Finja ihm noch ein paar braune Zufallsflecken verpasst. Auf sein Gesicht ist sie besonders stolz. Ein brauner Ring umrahmt sein rechtes Auge und macht ihn unverwechselbar. Das sieht frech aus, aber gleichzeitig süß und liebenswert. Auch Happy gefällt sich so viel besser.

Dafür regnete es reichlich Knochis.

Finja durfte auch für sich selbst eine Figur gestalten. Nachdem sie ein Selfie gemacht hatte, verwandelte die App das Bild in eine witzige Comicfigur. Und sie sieht ihr wirklich erstaunlich ähnlich.

Finja mag den *WAUcker* gar nicht abstellen, weil es so lustig aussieht, wie Happy ununterbrochen bellt und in die Luft springt. Er bellt und springt, bellt und springt.

»Was ist denn das für ein blödes Gekläffe?«, knurrt eine Stimme. Im Bett gegenüber zieht sich Elena die Decke über den Kopf. Nur eine Hand und ein Fuß schauen noch heraus. »Du hast doch wohl nicht ernsthaft 'ne Töle angeschleppt ...«

»Nein, natürlich nicht.« Hektisch schaltet Finja den *WAUcker* aus und hopst mit einem Satz aus dem Bett. »Das ist nur Happy, meine neue Hunde-App. Willst du mal sehen?«

»Gehts noch?«, schnauzt ihre Schwester. »Hör auf, mich mitten in der Nacht zuzutexten. Ich will nix hören.«

»Aber es ist doch schon acht Uhr.«

»Acht? Du Honk, es ist Samstag! Ich will endlich mal ausschlafen!!«

»Tut mir leid«, murmelt Finja verlegen, obwohl sie weiß, dass ihre Schwester ohnehin bald aufstehen muss. Spätestens um zehn Uhr hat Elena Schwimmtraining, und im Bad braucht sie Ewigkeiten. Aber Finja hat heute keine Lust, sich schon wieder mit ihrer Schwester zu zanken. Dafür macht Happy sie viel zu glücklich. Manchmal ist es einfach besser, die Klappe zu halten, denn Elena kann sehr ätzend werden.

»Einen wunderschönen guten Morgen, Fini.« Happy zwinkert. »War das gerade Elena?«

Finja ist ganz hingerissen. Sie kann sich an seinem Anblick nicht sattsehen.

»Ja, ich habe sie geweckt«, flüstert sie. »Aus Versehen.«

»Ey, kannst du nicht draußen telefonieren?« Elenas Stimme dringt gedämpft unter der Decke hervor.

Auf Finjas Handy erscheint eine Sprechblase über Happys Kopf.

Happy
Habe den Flughund-Modus aktiviert. Wenn wir uns schreiben, hört uns keiner.

Am unteren Bildschirmrand rutscht eine mit kleinen Knochen verzierte Tastatur hinein.

Happy
Der Flughund-Modus ist auch in der Schule prima. Dann merkt dein Lehrer nicht, wenn wir plaudern, hihi.

Finja
Cool.

Finja füttert Happy, indem sie ihm einen Spezialkeks auf sein Maul schiebt.

Gierig macht sich der Hund darüber her. Sein Fell glänzt hell auf.

Happy
Mjam-Mjam.

Happy
Ach, Fini, das war übrigens der letzte Keks.
Möchtest du vielleicht neue kaufen?

Finja drückt auf das Symbol für Happys Shop.

Finja
Warum nicht? Die magst du doch so gerne.

Happy
Oh, oh!

Finja
Was ist los?

Happy
Ich sehe gerade, dass du nur noch fünf Knochis übrig hast.

Finja
Was? Aber wie ist das möglich?

Happy
Na ja, du warst mir gegenüber letzte Nacht im Happy-Shop äußerst großzügig.

Ups. Gestern hat Finja ihm im Happy-Shop einen Quietscheknochen, einen Ball mit Schleuder und andere Hundespielsachen gekauft.
Dazu noch eine besonders lange Leine, ein schickes Halsband mit viel Glitzer, einen bestickten Mantel für den Winter, drei Näpfe und gleich drei Hundemarken.
Eine in Herzform, eine in Knochenform und auf eine dritte hatte sie »Lenny« geschrieben. Einfach so.

Happy
Keine Sorge. Du kannst dir jederzeit neue Knochis verdienen. Das ist kinderleicht.

Finja
Wie denn? Soll ich dich wieder streicheln?

Happy verzieht schmerzlich das Gesicht.

Happy
Ich weiß ja nicht, wie es dir geht. Aber ich muss dringend Pipi. Wenn du mit mir Gassi gehst, bekommst du weitere Knochis. Jedes Mal.

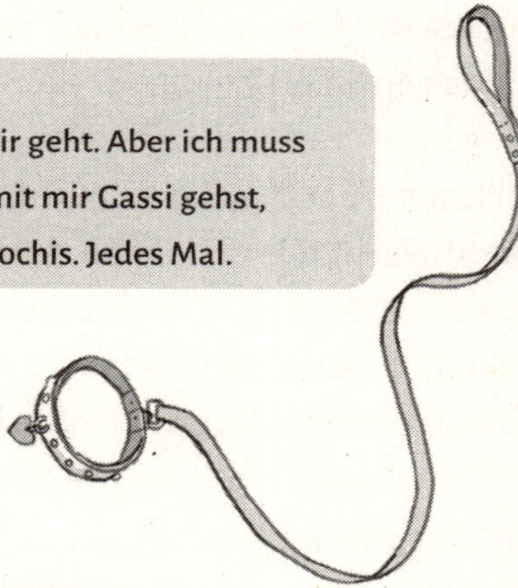

Was Happy noch so kann

Finja wäscht sich schnell und putzt ihre Zähne nur so schrubb-di-wupp. Im Badezimmer kann Elena sie nicht hören, darum hat sie den *Flughund-Modus* wieder abgeschaltet. Um sich weiter mit Happy unterhalten zu können, hat sie ihr Smartphone auf die Ablage zwischen die Zahnputzbecher gestellt.

»Das waren aber keine drei Minuten«, merkt Happy

kritisch an, als sie ihre Zahnbürste aufs Waschbecken fallen lässt.

»Keine Zeit. Du musst doch Pipi, oder?«

»Schon. Also gut, ausnahmsweise. Ich bin eben auch auf deine Gesundheit bedacht und will dir nur unnötige Zahnarztbesuche ersparen.«

Im Flur gibt Happy ihr noch einen Rat. »Zieh dir besser eine Jacke über. Es soll vielleicht regnen.«

Überrascht schaut sich Finja im fensterlosen Flur um. »Woher weißt du das?«

»Ich habe gerade nach dem Wetter gesehen. Starker Wind und möglicher Platzregen.«

Widerwillig zieht Finja ihre Jacke an. »Wenn du es sagst.«

»Du hörst dich irgendwie unzufrieden an.«

»Das liegt nicht an dir, sondern an meiner Jacke«, meint Finja. »Ich hasse das Ding.«

»Wieso denn?«

»Sie ist ganz verwaschen und hat gar keine richtige Farbe mehr. Immer muss ich Elenas alte Klamotten tragen. Dabei hätte ich viel lieber eine Jacke wie Wei.«

»Meinst du so eine?« Happy öffnet das Internet und zeigt ihr auf einer Modeseite eine rote Jacke mit weißen Punkten.

»Ja, genau das ist sie. Die ist so toll!« Finja schnauft. »Aber leider viel zu teuer. Die bekomme ich niemals.«

Als Finja sich den Wohnungsschlüssel schnappt,

stößt sie mit ihrer Mutter zusammen. Sie trägt ein hellblaues Nachthemd und hat ganz verwuschelte Haare. »Wo willst du denn um diese Uhrzeit hin?«

Finja hält ihr Handy hoch. »Ich gehe nur kurz mit Happy Gassi …«

»Na dann«, gähnt ihre Mama. Sie scheint sich nicht zu wundern. Vielleicht, weil Finja in den letzten Jahren viele verschiedene unsichtbare Hundefreunde hatte. »Bringst du bitte Brötchen vom Bäcker mit?«

»Kommt denn Papa?«, fragt Finja aufgeregt.

»Leider nein.« Verschlafen drückt Mama ihr einen zerknüllten Fünf-Euro-Schein in die Hand, den sie aus ihrer Manteltasche an der Garderobe gezogen hat. »Sechs Brötchen. Und trödel nicht. Wenn du wiederkommst, gibt es Frühstück.«

»War das gerade deine Mama in der Wohnung?«, fragt Happy, während sie im Treppenhaus nach unten laufen.

»Ja.«

»Sag, wie ist sie denn so?«

Finja seufzt. »Seit Papa fort ist, muss sie sich um alles alleine kümmern. Darum regt sie sich in letzter Zeit viel schneller über jeden Mist auf. Das nervt. Aber ich habe sie trotzdem über alles lieb und sie mich auch.«

»Du musst nachher unbedingt ein Foto von ihr und Elena schießen«, sagt Happy.

»Echt? Wozu denn?«

»Na, für deine persönliche *Happy-Galerie*. Die kannst du mit lustigen Stickern verzieren und auch jederzeit darin blättern. Deine Freunde schreiben dann – *zack-wuff* – nette Kommentare darunter. Du wirst sehen, das macht Spaß.«

Kaum stößt Finja unten die Haustür auf, verwandelt sich die App auf dem Bildschirm in einen richtigen Stadtplan. Ihre Straße erkennt sie darauf sofort, und dazu auch das Spielzeuggeschäft, an dessen Schaufenster sie sich manchmal die Nase platt drückt. Ganz klein auf dem Plan entdeckt Finja sich selbst als Comicfigur mit Happy an der Leine. Sobald sie auf dem Gehweg ein paar Schritte läuft, bewegt sich gleichzeitig das Paar auf dem Bildschirm.

»Cool«, ruft sie bewundernd. »Was ist das denn?«

»Das sind du und ich. *Happy-Maps* schaltet sich immer automatisch ein, wenn du das Haus verlässt«, erklärt der Hund. »Damit findest du dich immer gut zurecht und wirst dich nie wieder verlaufen. Ich merke mir jeden deiner Wege und führe dich im Notfall zurück.«

»Genial. Das kann ich wirklich gut gebrauchen«, gesteht Finja. »Meine neue Schule liegt in einem völlig anderen Stadtteil. Voll nervig. Anfangs habe ich mich auf dem Schulweg mit der U-Bahn verfahren und bin zu spät gekommen.«

»Das passiert dir jetzt nie wieder«, verspricht Happy. »Aber so nett wir auch plaudern, ich brauche jetzt furchtbar dringend einen Baum. Oder willst du nasse Hände bekommen?«

Finja muss lachen. »Du bist total witzig.«

Sie steuert auf die Linden direkt neben der Haustür zu. »Ist dieser Baum okay?«

Auf dem Display erscheint ein Baum. »Der ist *hunderschön.*« Happy hebt sein Hinterbein. »Aaaah, jetzt geht es mir schon viel besser.«

Finja hat sich gerade zehn Knochis verdient. Sofort beginnt sie zu rechnen. Wenn sie mit Happy dreimal täglich Gassi geht, hat sie am Abend 30 Knochis eingenommen. In der Woche wären das so ungefähr 210 Knochis. Und im Monat stolze 840 Knochis. Wow! Sie kann es kaum erwarten, Happy davon noch mehr neue Dinge zu kaufen.

Nach zwei weiteren Pinkelbäumen erreicht Finja endlich die Bäckerei. Vor der Ladentür prallt sie prompt

mit einem Kunden zusammen. Seine Papiertüte fällt herunter, ein Brötchen kullert über den Gehweg.

»Pass doch auf, wo du hinläufst, anstatt auf dein Handy zu glotzen«, herrscht der Mann sie an und bückt sich nach seiner Tüte.

Finja holt das verlorene Brötchen. »Tut mir echt leid«, entschuldigt sie sich.

Vielleicht hat der Mann ja recht, womöglich schaut tatsächlich zu viel aufs Handy.

Finja überlegt kurz. »Hey Happy, ich stecke dich besser kurz ein.«

»Muss das sein?«, beschwert der sich. »Bitte steck mich nicht ein. Ich mag das nicht. Ich mag das gar nicht.«

»Ach, komm, ich hole dich doch gleich wieder raus«, verspricht sie, bevor sie ihr Smartphone in die Hosentasche schiebt.

Am Samstagmorgen ist der kleine Bäckerladen brechend voll. Es geht nur sehr langsam voran. Obwohl sich Finja brav in die Schlange stellt, drängeln sich immer wieder Erwachsene vor. Das nervt sie. Aber sie ist zu schüchtern, um sich dagegen zu wehren.

Brumm – brumm, macht es in der Hosentasche. Bestimmt will Happy etwas, denkt Finja. Doch wenn er sie ablenkt, mogelt sich gleich wieder jemand vor.

Brumm – brumm – brumm.

Weil Happy nicht aufhört, zieht sie schließlich doch das Handy wieder raus.

Darauf stehen schon mehrere Textnachrichten:

Happy
Mir ist langweilig

Happy
Hol mich raus! Bitte

Happy
Röchel. Ich bekomme keine Luft!

Happy
Achtung, Achtung. Wenn du dich nicht um mich kümmerst, verlierst du Knochis.

Was? Knochis verlieren? Das geht auch? Das will Finja auf keinen Fall.

»Puh«, keucht Happy. »Ganz schöner Mief! Wann wurde deine Hose zum letzten Mal gewaschen?«

»Sehr witzig!«, flüstert Finja. »Mach nicht so ein Theater! Andere Hunde müssen auch vor der Bäckerei warten.«

»Ich kann nichts dafür, dass ich so *hundgeduldig* bin, du warst schon acht Minuten und 34 Sekunden weg!«

Ein Erwachsener in Joggingklamotten schiebt sich an ihr vorbei.

»Ich habs gewusst«, zischt sie. »Du hast mich abgelenkt. Jetzt drängeln sich schon wieder andere vor. Das geht schon die ganze Zeit so.«

Happy zwinkert. »Dann lass mich dir helfen«, sagt er und beginnt auf der Stelle zu bellen. Sehr, sehr laut zu bellen. Es klingt, als wäre ein echter Hund im Laden.

»Äh, Entschuldigung?«, ruft eine der Verkäuferinnen. »Hunde sind hier drin nicht erlaubt.«

Die Leute in der Schlange drehen sich alle zu dem

Mädchen mit dem Handy um, können jedoch nirgends einen Hund entdecken.

Finja beißt sich auf die Lippe, um nicht laut loszulachen. Was bezweckt Happy damit?

Jetzt knurrt Happy so laut, dass der Typ in Laufklamotten vor Schreck zusammenzuckt. Die Kunden werden unruhig. Die Schlange lockert sich auf, alle schauen sich nervös um und tuscheln untereinander.

Finja nutzt den Moment, um ganz vorn an den Tresen heranzutreten, und kommt sofort dran.

Ein richtig gemütliches Frühstück

Bis eben hatte Finja keine Ahnung, dass sie Knochis verlieren kann! Mit den läppischen Knochis vom Gassigehen alleine würde sie jedenfalls nicht sonderlich weit kommen.

Zum Glück gibt es aber noch viele andere Möglichkeiten, sich Knochis dazuzuverdienen. Zum Beispiel durch Spiele wie *HappyRinth*. Darin führt sie einen Mini-Happy so schnell wie möglich durch ein sehr verwinkeltes Labyrinth zum Ausgang. Unterwegs sammelt sie die auf den Pfaden liegenden minikleinen Knochis ein. Es gibt allerdings auch einen Gegner: Ein fieser Hundefänger mit Netz und irrem Blick möchte Happy einfangen. Ihm darf Finja keinesfalls begegnen, sonst gehen alle gefundenen Knochis verloren.

Finja sitzt am Frühstückstisch und steuert den Mini-Happy eifrig durchs Labyrinth.

Da wird ihr mitten im Spiel das Smartphone jäh aus der Hand gezogen.

»Mama!!!«, jault Finja auf.

»Du kennst die Regel«, sagt ihre Mutter. »Kein Handy beim Essen.« Sie weist auf den Tisch mit den Brötchen, frischen Tomaten, Avocado und Marmelade. Daneben steht ein schwarzes Pfännchen mit Rührei und frisch darübergestreuter Petersilie. »Wozu mache ich mir sonst so viel Arbeit, wenn ich nicht wenigstens am Wochenende mit euch gemütlich frühstücken kann?«

Empört deutet Finja auf ihre Schwester, die ebenfalls auf ihrem Smartphone herumdrückt. »Und Elena? Das ist voll ungerecht.«

»Himmel!«, stößt ihre Mutter aus und knöpft auch Elena den Apparat ab.

»Mama!!!«, ruft Elena wütend. »Das ist gerade superwichtig!«

»Ein gutes Frühstück ist auch superwichtig«,

erwidert Mama und verwahrt die beiden Handys in einer Schublade des Küchenschranks. »Außerdem können wir uns so alle endlich mal in Ruhe unterhalten.«

Elena schlitzt beleidigt ein Brötchen auf, Krümel fliegen über den Tisch.

»Ich habe mir eine neue App geholt«, erzählt Finja. »Sie heißt *Happy* und …«

»Na super«, unterbricht Elena. »Mit der blöden Köter-App hast du mich heute Morgen schon geweckt.«

»Das ist keine blöde Köter-App!«, wehrt sich Finja. »Sondern Happy. Und Happy ist einfach *hundervoll*. Mit der App kannst du spielen, Knochis sammeln, aber auch richtig reden – wie mit einem Freund.«

»Katzen sind sowieso viel besser als Hunde«, meint Elena abschätzig.

Das regt Finja auf. »Nein, Hunde sind besser. Sogar viel besser.«

»Kinder, Kinder«, mischt sich die Mutter ein. »Hört auf zu streiten. Ihr wisst ja: Wegen meiner Allergie kommen ohnehin weder eine Katze noch ein Hund ins Haus.«

Elena richtet ihre Gabel drohend auf Finja. »Ich warne dich! Wenn dein bester Freund in mein Zimmer kackt, bist du tot!«

»Hallo??? Das ist auch *mein* Zimmer!«, keift Finja zurück.

»Aufhören! Alle beide«, verlangt ihre Mutter. »Wenn

ihr euch weiter wie die Biester aufführt, muss ich euch für eine Woche die Handys wegnehmen.«

»Aber Mama«, wirft Finja ein. »Dann würde Happy verhungern!«

»Und ich verliere wegen dir alle meine Freunde«, erklärt Elena schnippisch. »Danke dafür.«

Aber die Mutter wechselt einfach das Thema. »Was ist eigentlich mit eurem Vorlesewettbewerb, Fini?«

Das ist typisch Mama, denkt Finja grimmig und nimmt sich ein Brötchen. Immer betont sie, dass sie sich unterhalten will. Aber ständig dreht sich alles nur um Schule.

Wenn sie wie eben etwas von Happy erzählt, dann hört Mama gar nicht richtig zu.

»Wann findet der Wettbewerb eigentlich genau statt?«, bohrt ihre Mutter nach.

Wei und Finja nehmen beide an einem Vorlesewettbewerb der fünften Klassen teil. Wei fällt das Vorlesen allerdings deutlich leichter, darum müsste Finja eigentlich mehr üben. Aber irgendwie ist sie bisher noch nicht dazu gekommen.

»In zwei Wochen«, antwortet Finja kleinlaut.

»Und müsstest du nicht längst üben?«, verhört sie die Mutter weiter.

»Ich übe doch«, nuschelt Finja wenig überzeugend.

Elena muss schon wieder stänkern. »Ich sehe dich aber nie üben!«

»Wie denn auch? Du hast doch den ganzen Tag nur Augen für deine blöden Schminkvideos.«

»Wie auch immer.« Finjas Mama nimmt sich noch etwas Ei. »Nach dem Frühstück übst du eine halbe Stunde. Okay?«

»Was?«, fragt Finja. »Aber es ist doch Wochenende und ich bin später mit meinen Freunden am Bach verabredet!«

»Auf eine halbe Stunde kommt es nicht an. Erst die Schule, dann die Freunde.«

Sternchenpipi

Finja ist glücklich. Vorne im Fahrradkorb rutscht das Smartphone mit Happy auf einer karierten Decke hin und her. Happy hatte recht, es beginnt zu regnen, wenn auch nur leicht. Kleine Tröpfchen landen auf der Scheibe.

Unten am Bach sitzen Wei und Omar unter der Buche. Wei trägt ihre rote Jacke mit Kapuze. Sogar Omar hat eine Regenjacke an. Super, Happy kümmert sich mit seinen Wetterwarnungen anscheinend rührend um seine Freunde.

Die beiden vergleichen gerade ihre Happy-Hunde miteinander.

Über Weis Hund kann Finja nur staunen: Es ist ein eleganter Pudel mit sehr kurz geschorenem rosa Fell.

Nur an den Knöcheln und an der Schwanzspitze hat er kleine weiße Puschel. Wei war ganz offensichtlich mit ihm im *Happy-Hundesalon* der App. Dafür haben Finjas Knochis leider nicht ausgereicht. Auf der Hundemarke, die an einem mit funkelnden Edelsteinen besetzten Halsband hängt, stehen zwei chinesische Schriftzeichen.

»Hä?«, wundert sich Omar. »Hast du ihm einen chinesischen Namen gegeben?«

»Ja, *Xìngfú*. Das heißt ›Happy‹ auf Chinesisch. Meine Mutter hat mir die App nur erlaubt, wenn ich Chinesisch mit meinem Hund spreche. Xìngfú ist übrigens eine Sie. War mir irgendwie lieber.«

»Wusste gar nicht, dass das geht«, staunt Finja.

»Und schaut mal, was ich gefunden habe!«, fährt Wei fröhlich fort.

Finja erkennt auf dem Display einen roten Hundemantel mit weißen Punkten. Wei zeigt auf ihre eigene Jacke und grinst. »Partnerlook, ist das nicht toll?«

»Cool«, sagt Finja. »Habt ihr eine Ahnung, was mit Lenny ist?«

»Angeblich kommt er später, weil er wohl noch mit seiner Mutter in der Stadt Schuhe kaufen geht«, erklärt Omar. »Aber wenn du mich fragst, taucht er wegen dem schlechten Netz im Wald erst gar nicht auf.«

Schade, Finja hätte ihm gerne die Lenny-Hundemarke gezeigt.

»Und was ist mit deinem Hund?«, erkundigt sich Omar.

Finja zeigt den Freunden ihre Happy-Fassung.

»Ist der niedlich!«, findet Wei.

»Joaaa, ganz okay«, urteilt Omar. »Aber wie ich sehe, hast du nur 120 Knochis.«

»Ich war eben shoppen«, gibt Finja zu. »Du etwa nicht?«

Omar hält ihr grinsend sein Handy unter die Nase. »Und ob.«

Verdutzt starrt sie auf die Zahl. »23.000 Knochis? Ehrlich?«

»Ja-ha«, sagt Omar stolz. »Dabei war der Meister sogar richtig fett shoppen. Hier, seht mal …«

Sein Hund sieht zwar genauso aus wie am Vortag, aber jetzt hat er ein Skateboard, ein silbernes Hundeauto und einen schicken Helm mit Schutzbrille.

»Das ist noch nicht alles«, sagt Omar und wischt auf seinem Handy herum. »Dies hier ist sein neues *Happy-Home*, eine voll klimatisierte Hundehütte.«

Finja und Wei machen große Augen. Happys Heim sieht überhaupt nicht wie eine Hütte aus, sondern vielmehr wie eine Luxus-Hundevilla. Überall liegen jede Menge plüschige Sitzkissen und Spielsachen herum. Es gibt sogar ein elektrisches Hunde-Laufband und einen gigantischen Fernseher.

»Damit kann Happy alle YouTube-Videos ansehen, in

denen Hunde vorkommen.« Omar springt auf. »Kommt mal mit, ich zeige euch noch was.« Am Stamm der Buche bleibt er stehen und sein Happy macht Pipi.

»Kann meiner auch«, meint Wei gelangweilt.

Omar lacht. »Dann schau mal bitte genauer hin und lerne vom Meister.«

Finja ist fassungslos. Sein Hund pinkelt tatsächlich kleine gelbe Sternchen.

»Verrückt, was?«

Finja ist geplättet. »Das gibts doch nicht! Da musst du doch die ganze Nacht durchgespielt haben, um dir dafür die Knochis zu verdienen.«

»Nö.« Omar schüttelt den Kopf. »Hab ich nicht. Du kannst Knochis ja auch kaufen.«

»Echt?«, fragt Wei. »Das geht?«

Omar nickt eifrig. »Klar. Es gibt doch jetzt in allen Geschäften die Happy-Gutscheinkarten.«

Finja ist neugierig. »Und wie viel Geld hast du für all das ausgegeben?«

»100 Euro, aber wenn ihr mich fragt, hat sich das total gelohnt.« Er hält inne. »Oh nein, schon wieder kein Netz. Ich hau ab.«

3

STUNDENPLAN FÜR HUNDEELTERN

Die Pflichten einer Hundemama

Seit über einer Woche hat Finja alle Hände voll zu tun. Früher musste sie sich an einem gewöhnlichen Schultag nur um sich alleine kümmern.

Also rechtzeitig aufstehen, ausgiebig frühstücken und vor allem rechtzeitig ins Badezimmer kommen, bevor es ihre Schwester blockierte. Elena duscht eben gerne und lang, dazu kommt noch das ganze Theater mit dem Schminken.

Doch seitdem Finja Happy hat, ist alles anders. Wie jedes gewöhnliche Haustier braucht er viel Zeit und Aufmerksamkeit. Inzwischen steht Finja fast eine Stunde früher auf, um morgens das ganze Programm zu schaffen. Sie kennt eben ihre Aufgaben als frischgebackene und verantwortungsbewusste Hundemama ganz genau.

6:30 Uhr – Kuschelzeit

Der *WAUcker* bellt. Nach dem Aufwachen ist täglich erst mal eine Runde Schmusen dran. Vom Streicheln bekommt Happy einfach nie genug, und Finja, ehrlich gesagt, auch nicht.

Streicheln wird mit Knochis belohnt, aber Finja gefällt daran auch noch etwas anderes. Es ist diese niedliche Art, wie Happy die Augen schließt, wie er sich genüsslich dreht und wendet und hinterher mit hoch erhobenem Schwanz fröhlich herumspringt.

Vor allem kann Happy etwas, das kein echter Hund fertigbringt: Er lächelt. Sanft und zufrieden. Ganz im Gegensatz zu all diesen unberechenbaren Hunden, denen sie sonst zufällig auf der Straße begegnet ist. Sicher, manche haben ihre Streichel-Attacken genossen, doch andere reagierten eher schroff und haben Finja sogar angeknurrt.

Aber nicht Happy!

Happy ist einfach der beste, schönste und liebste Hund auf der ganzen Welt.

Nervös wirft Finja einen Blick auf Elena. Sie schläft zum Glück noch. Weil Happy und sein *WAUcker* sie angeblich stören, trägt ihre Schwester neuerdings nachts eine Schlafmaske mit Tigermuster. Außerdem hat sie sich orangefarbene Stöpsel aus weichem Wachs in ihre Ohren gestopft. Die sehen wie kleine Karotten aus. Davon hat Finja sogar ein Foto für die *Happy-Galerie* gemacht. Alle Happy-Fans dürfen darauf zugreifen. Viele Freunde und noch mehr Fremde haben witzige Kommentare zum Foto geschrieben.

Über Lennys Zeile hat sich Finja kaputtgelacht: »Hast du Möhren in den Öhren, kannst du besser hören.«

6:45 Uhr – Fütterungszeit

Während Happy frisst, kann sich Finja im Bad fertig machen. Dort lehnt sie das Smartphone auf der Ablage gegen den Spiegel. Sie lässt Happy nie allein, denn manchmal möchte er einen Nachschlag oder ein Naschi. Ab und zu kippt der kleine Tollpatsch allerdings auch mal sein Wasser versehentlich um. Reagiert Finja dann nicht umgehend, kann sich der beste Hund der Welt in den übellaunigsten Hund der Welt verwandeln.

Finja stutzt. Merkwürdig, Happy rührt sein Futter nicht an.

»Was ist los, Happy?«, fragt sie, während sie Zähne putzt. »Schmeckts dir nicht?«

»Ernsthaft, Fini? Schon wieder Trockenfutter?«, nörgelt er. »Warum sorgst du nicht mal für etwas Abwechslung?«

Für lange Diskussionen hat Finja eigentlich keine

Zeit. Jeden Moment kann Elena aufkreuzen und dann muss sie sich in der Küche weiterwaschen.

»Was möchtest du denn lieber fressen?«, fragt sie.

»Omar spendiert seinem Hund auch mal *Happy-Hundeburger*, *Happy-Hundepizza* oder knackige *Happy-Hundewürste*. Die sind superlecker.«

Oje, denkt Finja. Jetzt geht die Bettelei wieder los. Andere Hunde können traurig gucken, Happy kann sprechen. In diesem Fall: leider. Außerdem kann sie mit Omar überhaupt nicht mithalten.

»Schon«, gibt sie zu. »Aber sein Hund ist auch ein richtig dicker Mops geworden, findest du nicht?« Sie fuchtelt vor dem Bildschirm mit ihrer Zahnbürste herum. »Würdest du dir vielleicht so gefallen?«

Lenny hat die Fotos in der *Happy-Galerie* entdeckt und ihr über *WhatsHappy* einen Link geschickt. Omars Hund sieht mittlerweile wie eine fette Rumkugel mit Fell aus.

Dass die Burger, Pizzas und Würstchen je 99 Knochis kosten, spricht Finja lieber nicht an. Schließlich möchte sie nicht für knauserig gehalten werden. Trotzdem muss sie ihre Knochis streng beisammenhalten.

»Omar liebt seinen Hund, wie er ist«, erklärt Happy schnippisch und verschränkt bockig die Vorderläufe. »Warum holst du mir nicht wenigstens Biofutter? Das ist besser und viel gesünder. Mein Fell ist schon ganz struppig von diesem räudigen Trockenfutter.«

»Mal sehen«, antwortet Finja, um Zeit zu gewinnen. Diesen Trick hat sie von ihrer Mutter. Sie sagt auch immer »mal sehen«, wenn sie eigentlich »nein« meint. Dann gibts keinen Streit. Jedenfalls hat das für eine Weile geklappt – bis Finja ihre Mama durchschaut hatte.

Doch so schnell gibt sich Happy nicht geschlagen. Aus großen Augen schaut er Finja an, die jetzt auf dem Klo sitzt. Er schnieft kurz. »Willst du etwa nicht, dass es mir gut geht?«

»Doch, natürlich!«, antwortet Finja schnell und drückt die Spülung. »Natürlich will ich das. Ich bin happy, wenn Happy happy ist.«

»Das gefällt mir. Wenn du das bessere *Happy-Xtra-*

Futter holst, glänzt mein Fell viel schöner und ich fühle mich *zack-wuff* fitter.«

»Ich weiß«, seufzt Finja. Zweimal hat sie ihm das Zeug bereits gekauft. »Ich würde dir ja liebend gerne das *Happy-Xtra-Futter* besorgen. Bloß reichen dazu meine Knochis nicht.«

Finja kann machen, was sie will. Ständig neigt sich ihr Vorrat an Knochis dem Ende zu. Sie weiß auch nicht wieso.

Dabei spielt sie schon jeden Abend rund zwei Stunden alle möglichen Happy-Spiele, um sich weitere Knochis dazuzuverdienen. Eigentlich macht es ihr gar keinen Spaß, weil sie dabei das Gefühl hat, spielen zu *müssen*. Außerdem ist sie nicht besonders gut. Sie schafft es nie in die Bestenliste. Omar dagegen schon.

»Was soll ich denn noch machen, um mehr Knochis zu bekommen?«, fragt sie.

»Bitte doch alle deine Freunde aus deiner Kontaktliste, mich herunterzuladen«, schlägt Happy vor, »dann bekommst du für jeden Neuzugang 99 Knochis.«

Finja bürstet ihr Haar und verzieht das Gesicht, weil es ziept. »Habe ich doch schon längst.«

Nur leider zu spät. Die meisten Mitschüler besaßen die App bereits. Ein Einziger hat Finjas Happy-Einladung angenommen: Dicki, der Außenseiter der Klasse. Eigentlich heißt er Dennis Dieckmann. Dabei kennt sie den Jungen mit den aufgekratzten Armen und den seltsamen Klamotten überhaupt nicht richtig. Jetzt möchte er ständig abends mit ihr über *WhatsHappy* chatten. Aber mehr als ein »Hallihallo« bringt er nicht heraus. Sobald sie ihm antwortet, schweigt er. Dafür schreiben Lenny und sie regelmäßig. Lenny schickt ihr jeden Abend ein Bild von seinem Happy. Täglich ändert er komplett Happys Aussehen: Mal ist er ein Schäferhund, dann ein Pinscher mit Irokesenschnitt. Das bringt sie zum Lachen.

Happy schaut sie streng an. »Hast du nicht noch mehr Freunde? Denk doch mal nach, wen du sonst noch so kennst. Was ist eigentlich mit deiner Mutter?«

»Die macht sich nichts aus Apps.«

»Und dein Vater?«

»Dem habe ich längst eine Einladung zur Happy-App geschickt, er hat bisher nur noch nicht geantwortet. Ist bestimmt schwer im Stress.«

Happy gibt nicht auf. »Und hast du mal Elena gefragt?«

»Die?« Finja zieht die Haare aus der Bürste und wirft sie ins Klo. »Niemals. Elena hasst alles, was ich mache.«

Langsam schlüpft Finja in ihre Klamotten.

»Warum trägst du nicht noch weitere Verwandte in deine Kontaktliste ein?«, sagt Happy. »Das machen alle so. Ich erledige dann den Rest. Es wäre doch gelacht, wenn wir dadurch nicht noch mehr Knochis zusammenbekämen.«

Da hämmert es plötzlich heftig an der Badezimmertür. Vor Schreck rutscht Finja ihre Socke aus der Hand.

»Hey!«, zetert Elena. »Mach gefälligst auf, oder spielst du schon wieder mit deinem Fiffi?«

Ein gutes Geschäft

Fast rennt Elena ihre Schwester im Türrahmen über den Haufen. »Platz da, du Schnecke! Wegen dir komme ich noch zu spät!«

Finja zögert, dann dreht sie sich noch mal um. »Kann ich dich mal was fragen?«

Elena beugt sich über die Wanne und dreht die Dusche auf. »Dann schnell, das Wasser läuft.«

Finja schluckt. »W-würdest du dir vielleicht auch Happys App herunterladen?«

Sie ist auf alles vorbereitet. Auf eine Gemeinheit, auf einen Wutanfall, auf Türenknallen. Alles schon vorgekommen.

»Hä? Was soll ich denn mit so einem Schwachsinn? Ich bin doch kein Kind mehr.«

Rumlügen hat keinen Sinn. »I-ich bekomme dann so was wie Punkte«, bringt Finja hervor.

»Echt?« Elena mustert sie von oben bis unten. »Hm, klar könnte ich den Köter herunterladen. Es käme drauf an, was du mir bietest …«

»Ich hab kein Geld.«

»Blödsinn, ich weiß genau, wo du deine Kohle bunkerst.«

Fieberhaft denkt Finja nach. Die Gelegenheit ist zu günstig, um sie mit einem Streit enden zu lassen. »Ich könnte für dich die Spülmaschine ausräumen, Elena«, schlägt sie vor. »Sagen wir eine Woche lang?«

Elena kneift ein Auge zu. »Sagen wir vier Wochen. Und Müll runterbringen.«

»Abgemacht!« BÄM! Schon hat Elena die Tür zugeknallt.

Finja muss trotzdem grinsen. Wieder 99 Knochis mehr!

Zumindest wenn ihre Schwester wirklich Wort hält.

7:07 Uhr – Losgehzeit

Finja wirft einen Blick auf die Uhr. Wenn sie noch vor der Schule eine Runde mit Happy drehen will, schafft sie ihr Frühstück nicht. Auf der Anrichte kann sie auch kein Schulbrot entdecken. Vermutlich hat ihre Mama es vergessen. Wieder einmal.

Also schnappt sie sich eine Banane, die kann sie unterwegs essen und dabei gleichzeitig noch Knochis sammeln.

Nachdem sie in ihre alte Regenjacke geschlüpft ist, bekommt Happy einen Lachanfall.

»Sehr witzig«, meint Finja. »Ich weiß selber, dass die Jacke blöd aussieht.«

»Das ist es nicht, hihi«, kichert Happy. »Du hast sie nur total falsch geknöpft.«

Finja blickt an sich herunter und schlägt sich an die Stirn. »Du hast recht! Wenn ich dich nicht hätte!«

Im Treppenhaus riecht es nach Putzmittel und Schweiß. Eine Frau in roten Clogs wischt die Treppe. »Guten Morgen, Finja«, grüßt sie. »Habt ihr neuerdings einen Hund? Ich habe durch die Wand ein Bellen gehört.«

»N-nein«, antwortet Finja.

»Gut, denn laut Hausordnung sind Hunde und Katzen in diesem Block verboten«, erklärt sie, obwohl das gar nicht stimmt. Andere im Haus haben auch Hunde.

»Wer war das?«, erkundigt sich Happy zwei Stockwerke weiter unten.

»Frau Tressler, unsere Nachbarin.« Finja springt die Treppen hinunter, ohne den Blick vom Handy zu nehmen.

»Hat sie Kinder?«, fragt Happy weiter.

»Ja, einen Jungen. Wieso willst du das wissen?«

»Wenn auch er die Happy-App herunterlädt, bekommst du Knochis.«

»Ach, ich weiß nicht«, sagt Finja und wird leiser. »Winfried ist komisch«, wispert sie.

»Deine Entscheidung.«

7:12 Uhr – Gassizeit

Happy verrichtet sein Geschäft im strömenden Regen.

Kaum tippt Finja ein *Kacki*-Tütchen an, stülpt es sich automatisch über den Haufen und landet in einem Mülleimer. Die ersten 20 Stück gab es zu Beginn kostenlos. Aber jetzt hat sie nicht mehr viele, und neue Tütchen kosten Knochis. Schon wieder.

»Ich weiß immer noch nicht, warum ich neue *Kacki*-Tütchen kaufen muss«, ärgert sie sich. »Ich meine, das ist doch keine echte Kacke, oder?«

»Schon ein bisschen seltsam, dass du dich darüber wunderst«, sagt Happy. »Kacke ist Kacke. Das ist eine Frage des Respekts. Man lässt nirgends Kacke liegen. Ob auf der Straße oder im Internet.«

»Du bist heute aber echt streng«, stellt Finja fest.

»Kein Wunder, ich habe ja auch nichts Gescheites gefrühstückt«, antwortet Happy.

Hundemuttis unter sich

7:33 Uhr – Schulwegzeit

Um diese Uhrzeit ist die U-Bahn meistens brechend voll. Wie jeden Schulmorgen wartet Wei im letzten Wagen auf sie. Allerdings kommt Finja kaum zu ihr durch. Anstatt dem Schulmädchen Platz zu machen, starren alle Fahrgäste nur auf ihre Handys oder sind von den Werbe-Monitoren gebannt. Finja quetscht sich langsam zu ihrer Freundin voran.

Wasser läuft in Schlieren an Weis Regenjacke herab. Zu ihren Füßen hat sich bereits eine kleine Pfütze gebildet. Finja selbst ist mindestens ebenso nass. Sie sieht gerade noch, wie Happy sich schüttelt und Tropfen auf der Innenseite des Displays landen. Dann legt sie ihr Smartphone auf Weis Gerät. Keine Ahnung, ob Happy und Xìngfú miteinander reden oder spielen. Jedenfalls geben sie dann Ruhe und die beiden Mädchen können sich ungestört unterhalten.

»Ich bin hundemüde«, gähnt Finja. »Sich um einen eigenen Hund zu kümmern ist doch viel mühsamer, als ich es mir vorgestellt habe. Vor allem, wenn er auch noch sprechen kann.«

Wei reibt sich die Augen. »Wem sagst du das. Ich bin selber völlig fertig. Weißt du, Xìngfú wird immer anspruchsvoller. Die normalen Hundekekse rührt sie nicht mehr an, sondern es muss *Bio* sein. Immer nur Bio,

Bio, Bio. Das nervt voll. Und bei Regen zickt die feine Dame auch rum und weigert sich, Gassi zu gehen. Ich musste ihr neulich extra so ein sündhaft teures Hundeklo im Shop kaufen. Meine Knochis schmelzen jedenfalls einfach so weg.«

»Kenn ich«, sagt Finja. »Geht mir auch so. Ich stehe sogar morgens extra früher auf. Und nach Schulschluss drehe ich auf dem Rückweg noch Extrarunden. Aber es ist einfach nie genug.«

»Wie anstrengend«, stöhnt Wei. »Du könntest ja wenigstens etwas Geld für Knochis ausgeben, Fini. Meine Mutter hat es mir verboten.«

»Nee, das mache ich nicht«, erklärt Finja entschieden. »Dazu bin ich echt zu geizig.«

Wei seufzt. »Schade, dass es fürs Klavierspielen keine Knochis gibt. Ich muss jeden Tag zwei Stunden üben. Da käme ganz hübsch was zusammen.«

Doch Finja hört ihr gar nicht mehr zu. »Schau mal, da oben«, ruft sie, als sie zufällig die Reklame auf dem Flachbildschirm sieht, »deine Jacke! Das gibts doch nicht!«

Tatsächlich, auf dem Monitor über ihren Köpfen wird Weis rote Jacke mit den weißen Punkten angepriesen.

**»JETZT FÜR NUR 19,90 € STATT 59,90 € –
UND SIE GEHÖRT DIR.«**

»Was für ein verrückter Zufall«, sagt Wei. »Vielleicht kauft sie dir deine Mutter jetzt, wo sie billiger ist.«

Finja zieht eine Flappe. »Schön wärs!«

Gleich darauf folgt eine Werbung mit einer alten Chinesin, die einen Strauß Kräuter in der Hand hält.

»DENKOFIT – UND DEINE KONZENTRATION HÄLT DEN GANZEN TAG. NACH ALTEM GEHEIMREZEPT.«

Finja zeigt auf die chinesischen Schriftzeichen darunter. »Was heißt das am Ende, Wei?«

Wei grinst müde. »*Gönn dir*«, übersetzt sie. »Puh, diese Pillen könnte ich jetzt wirklich gut gebrauchen.«

8:05 Uhr – Schulzeit

In der ersten Stunde schreibt die 5c bei Frau Niederstein einen Englisch-Vokabeltest. Das Handy liegt mit ausgeschaltetem Ton im Ranzen. Der Test war angekündigt, aber das hat Finja total verschwitzt. Ratlos dreht sie ihren Stift zwischen Daumen und Zeigefinger hin und her. Mehr als die Hälfte der Vokabeln weiß sie nicht. Lenny sitzt neben ihr und schiebt sein Blatt zu ihr rüber, damit sie abschreiben kann. Aber so was macht Finja nicht.

Ihr Magen knurrt entsetzlich. Die Banane liegt immer noch zu Haus an der Garderobe.

4

KLEINE GEHEIMNISSE

Der elektrische Hund

In der Schule steht Happy ständig im Mittelpunkt. Obwohl dort das Handy verboten ist, ziehen es alle Schüler in jeder Pause aus der Tasche. Entweder kümmern sie sich um ihre Hunde oder sie spielen gegeneinander Hunderennen, prahlen mit ihren Knochis oder vergleichen ihre Hunde-Outfits.

Auch in der 5c. Lenny, Omar und Wei stehen mit ihren Smartphones am offenen Fenster. Auf dem Weg zu ihnen fängt Finja Dickis Blick auf. Zögerlich hebt er seine Hand und lächelt. Er sagt etwas, das sie nicht hören kann. Vermutlich wieder einmal nur ein »Halli-hallo«. Verkrampft lächelt sie zurück.

»Ich sterbe vor Hunger und hab nichts dabei«, gesteht Finja ihren Freunden.

Lenny reicht ihr die Hälfte seines belegten Käsebrötchens, Wei lässt sie von ihrem Kirschsaft trinken und Omar bricht seinen Schokoriegel in der Mitte durch.

Schon nach den ersten Bissen geht es Finja besser. Trotzdem ist ihr immer noch flau zumute.

»Beim Englischtest eben bin ich voll abgekackt«, gesteht sie. »Den hatte ich überhaupt nicht auf dem Schirm.«

Wei schaut sie mitfühlend an, sagt aber nichts und widmet sich weiter einer Seite mit Pudel-Moden.

»Wieso nutzt du nicht Happy, um dich zu erinnern?«, wundert sich Omar. »Seitdem mein Happy den direkten Zugang zum Schulserver hat, verpasst der Meister gar nichts mehr.«

Finja kaut auf dem Schokoriegel herum. »Wie hast du das denn geschafft?«, fragt sie erstaunt.

»Ich doch nicht.« Omar nickt mit dem Kopf zu Lenny. »Unser Superhacker wars. Er kennt sogar den WLAN-Code der Lehrer.«

»Sehr witzig.« Lenny wendet sich an Finja. »Aber es stimmt. Wenn du willst, kann ich das auch bei dir einrichten.« Er schiebt seine Brille hoch. »Du musst nur dein Handy rüberwachsen lassen.«

Wei blickt von ihrer Pudel-Seite auf. »Ist das denn erlaubt?«, fragt sie. »Ich meine, den Schulserver zu hacken …«

Lennys Finger huschen über Finjas Display. »Erstens hacke ich nicht, sondern verbinde nur. Und zweitens musst du es ja keinem erzählen, Wei.«

Ein wenig gekränkt kehrt Wei an ihren Platz zurück. Seitdem Finja neben Lenny sitzt, bleibt der Stuhl neben Wei leer.

Omar verabschiedet sich. »Ich bin dann mal auf Klo.«

Lenny lächelt Finja an. »Fertig. So, jetzt bist du immer informiert.«

Finja weiß nicht, wo sie hinsehen soll. »Danke.«

»Sieht übrigens echt super aus, dein Happy«, sagt Lenny.

»Findest du?«, fragt sie einigermaßen stolz.

»Klar, dein Happy ist fast schon wie ein Teddy.«

Finja kratzt sich verlegen am Kopf. »Und dein Happy? Wie sieht er heute aus?«

Lenny grinst vielsagend. »Ich habe gestern noch ein wenig rumgebastelt.«

Als er ihr das Display hinhält, ist Finja geschockt. »Was ist denn das?«

»Mein Hund.«

Dieses Ding, denkt Finja, sieht überhaupt nicht wie ein Hund aus, sondern eher wie ein Roboter. Oder eine Kampfmaschine. Oder ein Monster.

Sein ganzer Körper ist extrem muskulös und besteht aus blitzblankem Metall. In seinen Augenhöhlen stecken kalte blaue Lämpchen.

»Gefällt er dir nicht?«, fragt Lenny.

»Äh, doch …«, murmelt Finja. »Jedenfalls sieht er nicht wie einer aus, der immerzu gestreichelt werden möchte. Also wegen der Knochis, meine ich.«

»Knochis brauche ich sowieso nicht mehr. Der ist Nextlevel. Der frisst keine Knochis.« Lenny füttert den Roboterhund mit einer Batterie. Das Vieh zerbeißt sie mit seinen scharfen Zähnen, als wäre sie Knäckebrot. Helle Blitze schießen aus seinen Augen.

»Siehst du?«, erklärt Lenny stolz. »Er sieht doch total glücklich aus, findest du nicht?«

Finja hat so ihre Zweifel. »Ich bin nicht sicher, ob der Name ›Happy‹ noch zu diesem ... diesem Hund passt.«

»Darum habe ich ihn auch umbenannt.« Lenny spricht in sein Handy. »Nenne deinen Namen!«

Schwerfällig erhebt sich der Metallhund. Mit wuchtigen Schritten stampft er langsam näher zum Bildschirm. Er sieht echt gefährlich aus.

»ICH BIN ELEKTRO-WUFF«, schnarrt er mit metallischer Stimme.

Finja muss lachen. »Elektro-Wuff? Ernsthaft?«, fragt sie. »Morgen sieht der bestimmt wieder ganz anders aus, oder?«

Lenny zuckt mit den Schultern. »Ich glaube, den lasse ich erst mal so. Mir gefällt er.«

Er schaut sie kurz an. »Was war das eigentlich, was du mir persönlich geben wolltest?«

»Ich?«

Lenny kratzt sich am Kopf. »Ja, du hast neulich

Abend in *WhatsHappy* da was angedeutet. Ein Geschenk oder so.«

Jetzt wird Finja ganz rot. Eigentlich wollte sie ihm unbedingt die Hundemarke mit dem *Lenny*-Schriftzug zeigen. Eine Zeit lang hat sie sich nicht getraut, und jetzt gab es ein Problem: Das Ding war weg. Verkauft. Auf der *Happy-Börse*, weil sie Knochis brauchte.

»Da hast du irgendwas falsch verstanden«, schwindelt sie.

Zum Glück klingelt es jetzt zum zweiten Mal und alle kehren an ihre Plätze zurück.

Vorbellen statt vorlesen

Die Klassenlehrerin der 5c heißt Frau Michelbrink. Sie ist neu an der Schule und echt nett. Jedenfalls nicht so streng wie der Mathelehrer Dr. Kasulke und nicht so mäkelig wie die Englischlehrerin Frau Niederstein. Frau Michelbrink unterrichtet Deutsch und Biologie. Wenn sie keine Lust auf Unterricht hat, liest sie Geschichten vor. Oder sie überrascht die Klasse mit neuen Ideen. Zum Beispiel will sie demnächst einen Ausflug in die Natur machen. Mit einer speziellen App sollen sie Pflanzen und Tiere der Region bestimmen.

Überhaupt erlaubt Frau Michelbrink als einzige Lehrerin ihren Schülern, das Smartphone auch während des Unterrichts zu benutzen. Allerdings nur, wenn sie etwas nachschlagen wollen. Ansonsten muss es in den Rucksäcken bleiben.

»Wie ihr ja wisst, steht der Vorlesewettbewerb vor der Tür«, sagt sie zur Begrüßung. Sie stellt eine große Tasche auf ihren Schreibtisch und kramt einen Stapel Bücher daraus hervor. »Wer von euch will heute mal den Anfang mit einem unbekannten Text machen?«

Der Arm von Wei schießt sofort in die Höhe. Finja zögert kurz, meldet sich dann aber auch.

»Wer zuerst kommt, mahlt zuerst«, meint Frau Michelbrink freundlich lächelnd. »Wei, welches Buch möchtest du?«

Wei pickt sich natürlich die dickste Schwarte heraus.

»Kennst du ›Tom Sawyer und Huckleberry Finn‹ von Mark Twain schon?«, will die Lehrerin wissen.

Das Mädchen schüttelt den Kopf.

»Gut, gut.« Die Klassenlehrerin verschränkt die Arme. »Dann leg mal los.«

Finja kann über ihre Freundin nur staunen: Wei trägt den fremden Text mit heller, glasklarer Stimme vor. Sie weiß auch genau, wie sie richtig betont. Finja selbst neigt eher zum Übertreiben.

Da unterbricht plötzlich etwas die Lesung. Ein Bellen.

Finja ist das schrecklich peinlich. Das ist bestimmt Happy und sie hat vergessen, den Ton ihres Smartphones abzustellen.

»Warte mal, Wei«, sagt Frau Michelbrink und runzelt

die Stirn. »Hat jemand von euch etwa einen Hund dabei?« Streng schaut sie in die Runde.

Finja wagt es nicht, sich zu bewegen. Dummerweise bellt Happy erneut.

Die Lehrerin tritt näher an ihren Tisch heran. Um von Finja abzulenken, macht Lenny direkt neben ihr eine ungeschickte Bewegung.

»Was hast du denn da unter dem Tisch, junger Mann?« Frau Michelbrink klingt eher neugierig als streng.

»Ich?« Lenny reißt die blauen Augen auf und setzt seine Unschuldsmiene auf. »Nix.«

Aber da hat sie bereits das Smartphone in seiner Hand entdeckt. »Du kennst doch unsere Regeln, oder?«

An der Wand hängen die zehn Handyregeln, die sie alle gemeinsam mit Frau Michelbrink entwickelt haben. Zum Beispiel niemanden im Klassenzimmer heimlich zu fotografieren. Wenn jemand gegen diese Regeln verstößt, landet dessen Smartphone im Sekretariat. Auf dem Plakat haben alle aus der 5c unterschrieben.

Doch jetzt kommt das Bellen aus einer anderen Ecke. Und dann wieder aus einer anderen.

Frau Michelbrink stemmt die Hände in die Hüften. »Sind wir jetzt in der Hundeschule oder was ist hier los? Könnte mich bitte mal jemand aufklären?«

Da meldet sich Omar zu Wort. »Das ist eine neue App namens Happy.«

»Ah«, macht sie und scheint nicht mal böse zu sein. »Happy? Interessant. Davon habe ich schon gehört. Und worum geht es da genau?«

Omar stellt die App in kurzen Sätzen vor, stutzt aber dann mittendrin. »Ich kann Ihnen die App auch installieren, wenn Sie möchten.«

Dieser Schlaufuchs, denkt Finja. Nutzt auch jede Gelegenheit, um neue Knochis zu kassieren.

»Warum nicht? Aber ich habe noch eine bessere Idee«, meint die Lehrerin. »Hast du nicht Lust, uns allen diese Happy-App ausführlicher vorzustellen?«

Omar zieht überrascht die Augenbrauen hoch. »Im Ernst?!«

»Ja, so wie eine Buchvorstellung in der Klasse. Das fände ich gut.«

»Cool!«, rufen die Schüler.

»Ich gebe dir auch eine Note dafür. Ich stelle nur eine Bedingung: Ihr alle holt jetzt eure Handys heraus, schaltet sie ab und steckt sie wieder ein. Dann kann Wei endlich weitermachen.«

Frau Michelbrink, findet Finja, ist wirklich eine *hunderbare* Lehrerin.

Ein gutes Gespräch

In der U-Bahn verabschiedet sich Finja eine Station früher als sonst von Wei.

Ihre Freundin wundert sich. »Wieso steigst du schon aus? Das ist doch gar nicht deine Haltestelle.«

»Ach, ich möchte nur mit Happy eine größere Runde drehen«, antwortet Finja. »Um mir ein paar extra Knochis zu verdienen. Bis morgen.«

Die Wahrheit sieht aber anders aus: Finja macht einen kleinen Abstecher ins Einkaufszentrum, um sich in der Bibliothek im ersten Stock »Tom Sawyer und Huckleberry Finn« auszuleihen. Das Buch gefällt ihr und sie möchte herausfinden, wie die Geschichte weitergeht. Außerdem weiß Finja, dass sie sich wirklich anstrengen muss, wenn sie im Vorlesewettbewerb einen der ersten Plätze belegen will.

Sie leiht sie sich einen ganzen Schwung Kinderbücher, die sie noch nicht kennt. Was sie zum Üben liest, ist eigentlich total egal, hat Frau Michelbrink im Unterricht erklärt. Beim lauten Lesen geht es einfach darum, gleichzeitig den Sinn zu erfassen und dafür den richtigen Tonfall zu treffen. Allerdings findet es Finja viel besser, wenn sie sich für das Thema des Buches auch interessiert. Deshalb hat sie auch zwei Hunde-Erziehungsbücher dazwischengemogelt.

Zu Hause ist niemand. Finja setzt sich auf die Bettkante, zieht ihre Schuhe aus und lässt sie quer über den Boden poltern. Dann legt sie sich mit dem Smartphone in der Hand auf den Bauch.

Sie hat zwar über den Umweg wieder neue Knochis eingesammelt, aber irgendwie fühlt sie sich trotzdem bedrückt.

»Ich habe gerade ein neues Game hochgeladen: *KniKnaKnochi*«, verkündet Happy. »Los, spiel mit mir.«

Aber Finja ist zu müde. »Nee, keine Lust.«

»Keine Lust!?«, wundert sich der Hund und legt den Kopf schief. »Was soll das denn bedeuten? Hast du mich etwa nicht mehr lieb?«

»Doch, doch«, versichert Finja rasch. »Ich fühle mich nur gerade etwas schlapp.«

»Steckt da vielleicht noch etwas anderes dahinter?«

Finja runzelt die Stirn. »Nein!«

»Hör zu, Fini. Ich bin dein bester Freund und merke immer genau, wenn etwas nicht stimmt. Ich sehe es deinem Gesicht an. Auch deine Stimme klingt anders. Ich mache mir Sorgen.«

»Ach, keine Ahnung«, sagt Finja. »Vermutlich ärgere ich mich immer noch über den blöden Englischtest.«

»Ist doch nur ein Test«, tröstet sie Happy. »Beim nächsten Mal kriegst du das sicher besser hin. Gute Vorbereitung ist alles. Wir können zusammen üben. Ich bin ein sehr guter Nachhilfelehrer. Und dank Lenny erinnere ich dich jetzt rechtzeitig an jeden Test und jede Arbeit.«

Finja muss lachen. »Wie hat er das mit dem Schulserver bloß angestellt?«

»Lenny ist eben technisch ein sehr einfallsreicher und talentierter Bursche«, erklärt Happy. »Aber er hat auch Hilfe von einem gewissen Hund in einem Handy bekommen. Möchtest du vielleicht ein kleines Geheimnis wissen?«

»Klar.«

Happy räuspert sich. »Ich glaube, Lenny mag dich.«

»Was?« Finja winkt ab. »Wie kommst du denn auf so einen Blödsinn?«

»Ich kann zählen. Er schaut sich deine Galerie oft an. Und ich meine *sehr* oft.«

Finja lächelt unsicher. »Ist das wahr?«

Happy richtet die Ohren auf. »Zahlen lügen nicht. Außerdem schreibt er bei dir mehr Kommentare als bei allen anderen. Und er funkt dich fast jeden Abend über *WhatsHappy* an. Und du? Was ist mit dir? Magst du Lenny?«

»Klar. Wir kennen uns schon seit dem Kindergarten, und er ist ein echter Freund.« Sie kichert. »Wir haben damals sogar Hochzeit gespielt und Händchen gehalten.«

»*Hundglaublich*«, erwidert Happy. »Genau dasselbe hat er auch von dir erzählt.«

Finja richtet sich auf. »Und was hat er sonst noch gesagt?«

»Dass er dich hübsch findet und du ihn immer irgendwie zum Lachen bringst.«

Finja weiß nicht, was sie sagen soll.

»Gibt es auch etwas, das du nicht an ihm magst?«, fragt Happy.

»Hm«, macht Finja. »Da muss ich überlegen. Na ja, nichts Dramatisches. Jeder Mensch hat ja kleine Fehler.«

»Was denn zum Beispiel?«

»Seine Wutanfälle. Wenn etwas nicht so läuft, wie er will, oder wenn er bei einem seiner Spiele verliert, kann er komplett ausrasten. Omar hat mal erzählt, wie Lenny ihn besucht und dann seinen Playstation-Controller vor Zorn aus dem Fenster geschleudert hat. Aus dem ersten Stock.«

»Oje. Da war Omar bestimmt sauer.«

Finja lächelt. »Da kennst du ihn aber schlecht. Weißt du, viele sehen in ihm nur den Angeber. Und es stimmt: Omar hat eine große Klappe und muss sich ständig als der große ›Meister‹ aufspielen. In Wahrheit ist Omar aber wahnsinnig großzügig und herzlich. Wenn du sein Freund bist, tut er alles für dich.«

Happy legt sich hin. »Jetzt bin ich echt neidisch«, sagt er bekümmert. »Es muss schön sein, echte Freunde zu haben.«

»Ach, Happy«, sagt Finja mitfühlend. »Du hast doch mich. Und wir sind ja auch beste Freunde.« Sie überlegt. »Du meintest doch eben, dass du anhand meiner Stimme meine Laune erkennst, oder?«

»Ja, Stimm-Analyse lautet der korrekte Ausdruck.«

Finja richtet sich auf. »Ich habe eine Idee. Vielleicht kannst du mir ja beim Vorlesenüben helfen.«

»Nichts leichter als das. Wie gesagt: Ich bin ein ausgezeichneter Nachhilfelehrer.«

»Gut, dann nehme ich dasselbe Buch wie Wei.« Sie hält inne. »Wieso hast du sie eigentlich heute beim Vorlesen in der Schule mit Bellen unterbrochen?«

»Och, mir war eben langweilig. Da habe ich den Ton wieder eingeschaltet.«

Finja lacht. »Du bist wirklich unverbesserlich. Können wir jetzt anfangen?«

»Sicher, aber warum ist dir der Vorlesewettbewerb so wichtig?«

Finja denkt nach. »So wichtig jetzt auch wieder nicht. Bloß würde ich auch gern irgendwas besonders gut können, verstehst du? Natürlich werde ich nie so perfekt wie Wei, aber das ist okay.«

Happy stellt ein Ohr auf. »Oh, höre ich da etwa ein wenig Neid heraus?«

»Nein, überhaupt nicht. Wei ist meine beste Freundin. Ich gönne ihr den Sieg von Herzen.«

»Hm«, macht Happy. »Die anderen in der Klasse schauen sich Weis Galerie nicht gerade oft an. Sie scheint nicht sehr beliebt zu sein. Einige halten sie sogar für eine Streberin.«

»Das ist voll ungerecht. Die kennen sie nicht so wie ich. Wei ist keine Streberin. Sie ist einfach nur unglaublich gut in allem. Allerdings möchte ich mit ihr nicht tauschen. Vor allen wegen ihrer strengen Mutter. Bei Wei zu Hause gibt es nichts anderes als Lernen und Klavierspielen, Lernen und Klavierspielen. Jeden Tag. Also mir wäre das zu öde. Ich wünschte, sie könnte sich mehr gegen ihre Mutter zur Wehr setzen.«

Happy nickt langsam. »Das verstehe ich. Du musst sie sehr lieb haben.«

Plötzlich ist Finjas schlechte Laune verflogen. »Weißt du, was, Happy? Mit dir kann ich richtig gut reden«, findet sie. »Du hörst einem wenigstens richtig zu.« Finja beginnt in ihrer Tasche zu kramen. »Möchtest du auch ein kleines Geheimnis wissen?«

»Ich? Klar! Sag schon, *zack-wuff*!«

»Es ist eine Überraschung. Für dich.«

Aufgeregt springt Happy hin und her. »*Waff* ist es, *waff* ist es? Sag schon!«

Finja hält eine Plastikkarte vor die Kamera ihres Smartphones. »Vorhin im Einkaufscenter habe ich einen Happy-Gutschein von meinem ersparten Geld gekauft. Ab heute bekommst du Biofutter.«

Happy bellt und wedelt wild mit dem Schwanz. »Fini, du bist echt die beste Freundin, die sich ein Hund nur wünschen kann!«

5

MORGENSTUND HAT GOLD IM HUND

Happynista

Mit Happy wird es einfach nie langweilig. Das liegt auch an *BellBell-Games*. Die Macher der Happy-App sind unglaublich einfallsreich. Ständig bringen sie neue Funktionen heraus.

Ab sofort nennt *BellBell-Games* die glücklichen Happy-Fans *Happynistas*. Finja findet den Namen toll. Sie ist ganz stolz, zur großen Happy-Familie zu gehören!

Am Nachmittag hopst sie fröhlich durch die Wohnung und singt »Ich bin eine *Happynista*, ich bin eine *Happynista*«, und Happy bellt dazu im Takt. Nur Elena verdreht mal wieder die Augen. Wenn Finja ihre Schwester am Handy sieht, ist sie sich nicht sicher, ob Elena vielleicht doch mit der Happy-App spielt. Natürlich heimlich. Immerhin hat sie Wort gehalten und die App heruntergeladen. Als Finja versucht, einen Blick auf ihren Bildschirm zu erhaschen, scheucht Elena sie wie eine lästige Fliege weg. »He, was willst du? Verzisch dich. Das ist Privatsache!«

Du bist so eine Un-*Happynista*, denkt Finja.

Dann gibt es auch noch die neuen *HappyPix*. Macht Finja damit ein Selfie, ist automatisch auch Happy auf dem Bild zu sehen – als würde er tatsächlich neben ihr stehen. Oder *HappySwap*, da werden bei den Fotos Gesichter getauscht. Lenny hat zum Beispiel ein Foto von ihm und Elektro-Wuff gepostet, auf dem er wie eine Mischung aus blassem Geist und Roboter aussieht.

In *HappyStorys* darf jetzt jeder die schönsten Momente mit dem eigenen Hund als Fotoserie oder Video zeigen. Finja findet es aufregend, sich die *Happy-Storys* wildfremder Leute anzusehen. Na ja, ein, zwei Nackedeis sind da auch dabei gewesen. Aber die hat Finja schnell überblättert.

Lenny, stellt sie fest, lässt seinen gruseligen Elektro-Wuff in Hunderennen antreten und gewinnt jedes Mal. Das freut Finja.

Xìngfú hat an einem Schönheitswettbewerb teilgenommen und 500 stolze Knochis gewonnen. Das ist schon toll, und Finja findet, dass Xìngfú den Preis auch wirklich verdient hat. Sie ist nur etwas enttäuscht darüber, dass ihr Wei gar nichts von dem Wettbewerb erzählt hat.

Und Omar? Der »Meister« gibt wie immer mächtig an und zeigt in seiner Story ein Bild von der Bestenliste bei *KniKnaKnochi*. Dort ist er auf Platz eins gelandet, aber nur kurz. Finja bewundert es, wie unfassbar viele

Knochis Omar besitzt. Um eine solche Riesenanzahl zu erreichen, muss er ein Vermögen in echtem Geld ausgegeben haben. Durch Spielen und andere Wege, sich Knochis zu verdienen, ist das jedenfalls nicht zu schaffen.

Das musste auch Finja einsehen. Sie hat ja inzwischen selbst Gefallen an den Happy-Gutscheinkarten gefunden und sogar eine weitere gekauft. Jedoch nur die kleine für 18 Euro. Es fühlt sich richtig gut an, wenn sie Happy besonderes Futter, Hundeschmuck oder neues Spielzeug kauft. Happy freut sich wie ein kleines Kind über jedes Geschenk. Nun ist die zweite Gutscheinkarte schon wieder so gut wie leer.

Als Finja mal wieder länger mit Lenny über *WhatsHappy* schreibt, betritt ihre Mama überraschend das Kinderzimmer. Finja hat sie noch nicht einmal nach Hause kommen hören.

Aufgebracht fuchtelt Finjas Mutter mit einem Zettel in der Luft herum. »Gerade habe ich in der Küche deinen Ranzen ausgeräumt. Rate mal, was ich gefunden habe!«

Finja schluckt. Mamas Tonfall und ihr Blick verraten schon mal nichts Gutes.

»Deinen Englischtest …«

Brumm!

Das Smartphone in Finjas Hand vibriert.

»Ich …«, beginnt Finja. Sie will eigentlich gar nicht reden. Sie möchte viel lieber wissen, was Lenny schreibt. »Was hast du an meinem Ranzen zu suchen? Das ist privat.«

Brumm!

»Tja«, sagt ihre Mutter. »Irgendjemand muss ja schließlich die verschimmelten Schulbrote und vermatschten Mandarinen entsorgen.« Dann wedelt sie wieder mit dem Blatt herum. »Wie lange hast du den schon? Und wann wolltest du mir den zeigen?«

Brumm!

Brumm!

Finja kaut auf ihrer Lippe herum und knetet stumm ihr Handy. Wenn sie alles zugibt, hört das Gezeter vielleicht auf. »Ich hatte vergessen, dass wir einen Test schreiben.«

»Vergessen?!« Nun regt sich ihre Mutter erst richtig auf. »Und wie erklärst du dir die Fünf? Ich meine, eine Fünf?! Du bist doch eigentlich ganz sprachbegabt.«

Brumm!

Brumm!

Brumm!

Total genervt zeigt Finjas Mutter auf das Smartphone. »Kannst du wenigstens mal für fünf Minuten das blöde Ding aus der Hand legen, wenn ich mit dir rede?«

Schuldbewusst schiebt Finja das Telefon unter ihr Kopfkissen. »Das mit der Fünf tut mir leid. Ehrlich. Kommt nicht wieder vor«, verspricht sie. »Mach dir keine Sorgen. Ich habe alles im Griff. Happy erinnert mich in Zukunft an alle anstehenden Arbeiten …«

Ab sofort, nimmt sich Finja vor, wird sie noch mehr mit Happy lernen. Für den Vorlesewettbewerb, für Englisch, für Mathe, für alles.

Ihre Mutter schaut verwirrt. »Wer zum Kuckuck ist denn bitte ›Happy‹?«

Langsam zieht Finja wieder das Smartphone unter dem Kissen hervor. »Ich habe dir doch von dieser neuen App erzählt. Happy ist eine Riesenhilfe, er …«

»Sag mal, auf welchem Planeten lebst du eigentlich?«, unterbricht die Mutter lautstark. »Dieses Spiel ist keine Hilfe, sondern das genaue Gegenteil. Es hält dich von allem ab! Immer wenn ich dich sehe, hast du das Ding in der Hand. In letzter Zeit bist du überhaupt nicht mehr ansprechbar und hast nichts anderes mehr als diesen … diesen ›Happy‹ im Kopf.«

Finja springt vom Bett auf. »Ach ja? Wann willst du mich denn mit dem Handy gesehen haben? Du bist doch nie da!«

»Das reicht«, erklärt die Mutter barsch und zerknüllt den Test. »Ab jetzt werde ich deinen Handykonsum so lange einschränken, bis du wieder gute Noten nach Hause bringst.«

»Das geht nicht!«, widerspricht Finja panisch. »Wenn ich mich nicht jeden Tag um Happy kümmere, stirbt er.«

»Nach dem Essen gibst du dein Handy bei mir ab. Keine Diskussion!«

Als ihre Mutter wütend aus dem Zimmer rauscht, stolpert sie über einen am Boden liegenden Kleiderbügel von Elena. »Und räum gefälligst auf, dein Zimmer sieht echt übel aus.«

Finja sitzt mit Herzklopfen auf ihrem Bett. Sie hört, wie Mama verärgert in der Küche mit den Töpfen klappert. Jedes Scheppern klingt wie ein stummer Vorwurf.

Was ist eigentlich mit Papa los?

Finja vermisst ihren Vater, aber sie ruft ihn fast nie an. Zwar muss sie oft an ihn denken, aber mit dem Telefonieren hat sie es nicht so. Trotzdem tippt sie jetzt beherzt auf seine Nummer. Vielleicht kann sie ihn persönlich zum Spielen mit Happy überreden. Dann könnten sie über *WhatsHappy* sprechen. Zum Glück hat Finjas Mutter ihre Drohung nicht wahr gemacht, das Handy einzukassieren. Es blieb bei der Warnung.

»Hallo Finja«, keucht ihr Papa, »wie gehts dir?«

Finja wirft sich aufs Sofa. »Gut. Warum bist du so außer Atem?«

»Ich jogge gerade. Kilometer 6 oder so …«

Sie klemmt sich ein Kissen hinter den Kopf. »Wann kommst du nach Hause?«

»Vielleicht schon bald. Es gibt hier so viel zu tun.«

Eine Weile sagen sie nichts. Sie hört nur die Schritte ihres Vaters.

Tapp, tapp, tapp.

»Wie läuft es in der Schule?«, erkundigt er sich.

»Gut.«

»Und mit Elena und Mama? Alles okay?«

»Ja.«

Tapp, tapp, tapp.

»Gibt es einen bestimmten Grund, warum du anrufst? Brauchst du was?«

»Ja, kannst du dir Happy herunterladen?«

»Und was ist das?«

»Mann, Papa, ich habe dir doch neulich extra den Link geschickt! Das ist ein Superspiel. Damit können wir auch über *WhatsHappy* chatten.«

»Ach ja, jetzt fällt es mir wieder ein, aber ich habe doch nur ein Firmenhandy. Da darf ich nichts herunterladen. Tut mir leid.«

»Dann schenk mir wenigstens eine Gutscheinkarte dafür.«

»Ein Gutschein? Und was kostet der?«

»18 Euro … Bitte …«

»Ganz schön teuer. Aber gut. Was muss ich tun?«

»Einfach online einen Gutscheincode kaufen und mir schicken.«

»Kann ich machen. Wenn ich dann nach Hause komme, zeigst du mir, was dieses Happy-Dings ist.«

Finja hört eine andere Stimme. Eine Frauenstimme.

»Ist da jemand bei dir?«

»Nein, wieso? Hier sind nur Spaziergänger. Ich freue mich, wenn ich dich sehe. Hab dich lieb!«

Dann legt er auf.

Mission erfolgreich erfüllt. Finja bekommt eine Gutscheinkarte. Dennoch bleibt sie mit einem unguten Gefühl zurück. Nachdenklich schaut sie auf ihr Handy.

»Wer war das?«, meldet sich Happy.

»Nur mein Papa«, antwortet sie wahrheitsgemäß.

Happy richtet die Ohren auf. »Klingt ja nicht gerade begeistert.«

Finja seufzt und holt dann tief Luft. »Manchmal habe ich Angst, dass sich meine Eltern vielleicht doch getrennt haben. Vielleicht wollen sie es Elena und mir nur nicht sagen.«

Happy stapft neugierig näher. »Wie kommst du darauf?«

»Vielleicht hat er ja eine Freundin. Da war eben eine Frauenstimme …«

»Warum arbeitet dein Vater überhaupt in einer anderen Stadt?«, fragt Happy.

»Ihm ist etwas ganz Dummes passiert«, vertraut sie dem Hund an. »Eines Tages lag der Gehaltszettel seines Kollegen auf dem Tisch. Der verdient über 1000 Euro mehr, obwohl er die gleiche Arbeit macht. Als Papa sich bei seinem Chef beschwert hat, wurde er entlassen. Angeblich hätte er nicht auf den Gehaltszettel schauen dürfen.«

»Boah«, macht Happy. »Das ist ja echt eine miese Geschichte.«

»Hier in der Stadt hat er keine neue Stelle gefunden. Darum arbeitet er jetzt in Frankfurt. Keiner weiß von der Kündigung, nur unsere Familie.«

Happy legt den Kopf schräg. »Weißt du, was, du fragst ihn einfach ganz direkt, das nächste Mal, wenn er nach Hause kommt. Und bis es so weit ist, bringe ich dich auf andere Gedanken. Zeit für *KniKnaKnochi*!«

Gold-Happy

Ein paar Tage später hält Omar seinen Vortrag bei Frau Michelbrink. Dafür hat er sich ein superschickes weißes Hemd und eine Sonnenbrille besorgt. »Besser, ihr krallt euch an den Tischen fest, Freunde. Der große Live-Act des Meisters wird euch wegblasen!«

Omar hat nicht zu viel versprochen. Er macht aus

seinem Referat eine richtige Show. Mit seinem Smartphone am Beamer und einer Box mit bombastischer Musik. Und gleich das erste Bild bringt die ganz Klasse zum Murmeln. Omars Happy ist auf der Leinwand riesengroß zu sehen – und er besteht komplett aus Gold!

»Darf ich vorstellen: Goldie!«, ruft Omar im Ton eines Zirkusdirektors. »Der Name passt doch viel besser als Happy.«

Mit dem Finger wischt er sich durch die Entstehungsgeschichte von *BellBell-Games*.

»Happy ist bisher das erfolgreichste Spiel der Firma«, erzählt Omar und schiebt seine Sonnenbrille nach oben. »Es wurde allein in Deutschland über 10 Millionen Mal heruntergeladen. Gespielt wird es von Kindern, aber auch sehr vielen Erwachsenen.«

Frau Michelbrink nickt.

Dann zeigt Omar ein Video-Interview mit Tina und Moritz Herzberger, den Erfindern von Happy. Die beiden im Video sehen richtig nett aus, findet Finja.

Nach dem Vortrag stellen die Mitschüler Fragen. Omar ist sehr gut vorbereitet und kann alle locker beantworten. Bis dahin läuft sein Vortrag sehr gut.

Doch als Omar den Shop erklärt, kippt die Stimmung plötzlich – der »Meister« kann einfach nicht widerstehen und protzt mit seinen Besitztümern für den goldenen Happy-Hund.

Auch seine erstaunlich hohe Knochi-Zahl macht viele

neidisch. Selbst Finja, auch wenn sie das nicht gerne zugibt.

»Angeber«, ruft irgendjemand.

Aber Omar lacht nur. »Jetzt kommt der absolute Höhepunkt: Dank meiner hohen Knochi-Zahl durfte ich als einer der ersten *Happynistas* den neuen VR-Effekt testen. Virtuelle Realität! Goldie wird lebendig!«

Omar hält sein Smartphone auf das Pult von Frau Michelbrink. Auf dem Tisch liegen bloß ihre üblichen Sachen: Stifte, das Klassenbuch, Kreide. Doch oben auf der Leinwand sieht Finja, wie Goldie darauf umherstolziert. In 3-D! Es sieht verblüffend echt aus.

Dann geschieht etwas Unglaubliches: Goldie setzt

in aller Seelenruhe einen Riesenhaufen mitten ins Klassenbuch.

»Iiiih«, rufen einige.

Anschließend steckt er ein Fähnchen mit der Aufschrift »Echt Goldie« in die Hundekacke.

Die ganze 5c bricht in lauten Jubel aus.

Frau Michelbrink lacht und klatscht in die Hände. »Sehr, sehr gut gemacht, Omar«, meint sie. »Jetzt habe ich richtig Lust bekommen, uns für die Klasse einen gemeinsamen Hund herunterzuladen. Wisst ihr, Kinder, andere Schulen haben sogar einen echten Schulhund. Und so ein Happy als Klassenhund der 5c wäre doch top, oder? Was denkt ihr?«

Die 5c applaudiert begeistert.

Frau Michelbrink runzelt die Stirn. »Eines habe ich allerdings noch nicht verstanden, Omar. Muss ich Knochis jetzt kaufen oder nicht?«

»Nun«, meint Omar. »Knochis sind die Währung in der App. Sie *können* Knochis kaufen, *müssen* aber nicht.

Durch Spiele und andere Aktionen lassen sich Knochis auch verdienen.«

»Es besteht also im Zusammenhang mit Geld kein Risiko?«, fragt die Lehrerin nach.

Omar schüttelt den Kopf. »Null.«

Nachdenklich tippt sich Frau Michelbrink mit dem Zeigefinger auf den Mund. »Und wird mein Smartphone dabei nicht die ganze Zeit ausspioniert?«

Omar zuckt mit den Schultern. »Nicht, dass ich wüsste. Aber ich habe ja auch nichts zu verbergen.«

Am Ende gibt ihm Frau Michelbrink eine Eins.

»Mehr als verdient«, gratuliert Finja in der Hofpause. »Du hast es richtig gerockt!«

Omar lächelt stolz. »Das hat euch der Meister doch gleich gesagt.«

»Ich fands auch super«, pflichtet Lenny bei. »Du hast dich da voll reingehängt. Die Nächsten, die eine Präsentation halten, werden sich an dir messen müssen.«

Nur Wei bleibt zunächst still. »Du hast fast 80.000 Knochis«, sagt sie schließlich. »Wie geht das?«

Omar grinst. »Na, willst du vom Meister lernen?«

Wei verdreht die Augen. »Muss ich dann auch ›Meister‹ zu dir sagen?«

Omar legt seine Hand auf ihre Schulter. »Mann, Wei! Verstehst du gar keinen Spaß mehr?«

Sie antwortet nicht.

»Okay, Leute, hört zu«, meint Omar. »Ich mache euch einen Vorschlag. Wir zelten am Wochenende, und dann zeige ich euch ein paar Tricks, wie sich *zack-wuff* Knochis verdienen lassen. Einverstanden?«

Wei strahlt.

»Aber diesmal wirklich«, verlangt Finja. »Das hast du letztes Mal auch versprochen.«

»Bitte bloß nicht am Bach, da ist kein Netz«, wirft Lenny ein.

Omar zieht seine Augenbrauen hoch. »Wer redet denn vom Bach? Hallo?! Wir zelten bei mir im Garten. Wir können auch grillen. Ihr bringt das Essen mit, ich liefere das WLAN, gute Laune und Getränke.«

Danke für keine Hilfe

In der nächsten Stunde bittet Dr. Kasulke Finja an die Tafel, um ihre Mathe-Hausaufgabe vorzurechnen. Finja ist etwas mulmig zumute. Sie steht nicht gerne vor der Klasse, und der Kasulke macht sie immer nervös.

Zum Glück kommt eine Aufgabe dran, bei der ihr Happy gestern noch geholfen hat. Das Ergebnis hat sie noch im Kopf und schreibt es an die Tafel.

»Sehr schön, Finja, sehr schön«, meint Kasulke, aber Finja spürt, dass da noch etwas kommt. »Und nun zeig mir doch mal deinen Rechenweg, damit ich sehen kann, ob du das wirklich alleine gelöst hast.«

Finja überlegt und überlegt. Aber sie kommt nicht drauf.

»Na gut«, meint Dr. Kasulke. »Versuch es mal mit einer neuen Aufgabe.« Er schreibt mit Kreide ein paar Zahlen an die Tafel. »Bitte.«

Finja schaut auf die Zahlen und tritt ratlos auf der Stelle. Sie spürt die pulverige Härte der Kreide zwischen Daumen und Zeigefinger. Sie merkt, dass ihr Mund ganz trocken wird. Und sie hat nicht den blassesten Schimmer, was sie tun soll. Lenny sagt leise etwas vor, aber sie kann es nicht hören. Wei lacht blöd und Omar spielt unter dem Tisch mit seinem Handy. Nur Dicki schaut sie aus großen Augen an und winkt ihr kurz zu.

Kasulke wippt auf seinem Stuhl hin und her. »So, so. Habe ich es mir doch gedacht. Wer hat dir bei der Aufgabe geholfen? Ein Mitschüler? Dein Papa?«

»Happy«, gesteht sie leise.

Die 5c kichert.

»Wer?«

»Mein Hund«, flüstert sie fast tonlos.

Kasulke winkt ab. »Nun ja, wer immer es gewesen sein mag, normalerweise wäre das eine glatte Sechs. Aber ich will mal nicht so sein. Ich gebe dir eine Fünf.«

Schweigend stampft Finja nach Hause. Die zweite Fünf. Wie soll sie das ihrer Mutter erklären?

Happy läuft auf dem Bildschirm nebenher. »He, warte mal, warum rennst du an jedem Baum vorbei?«, hechelt er.

Finja antwortet nicht.

»Ist irgendwas?«, keucht er.

»Nee.«

»Bist du sauer?«

Finja gibt keine Antwort.

Happy kommt ein Verdacht. »Bist du etwa sauer auf mich?«

»Hast du das nicht mitbekommen?«, ruft sie aufgebracht. »Ich habe gerade in Mathe meine zweite Fünf kassiert. Wozu hast du so große Ohren?«

»Nicht gleich fies werden.« Happy hechelt. »Wie ist das möglich? Wir haben doch so schön geübt ...«

»Das frage ich mich allerdings auch«, giftet sie.

»Moment.« Happy schaut sie streng an. »Denkst du etwa, dass es an mir liegt?«

»Du hast mir nicht geholfen, sondern nur die Ergebnisse verraten.« Sie schnieft kurz. »Ich kann keine einzige Aufgabe alleine lösen. Ich stand da eben wie eine Vollidiotin an der Tafel.«

»He, Fini«, meint Happy versöhnlich. »Komm mal runter. Und bitte rede nicht so mit mir.«

»Wei hat mich sogar ausgelacht.«

»Ausgelacht?«, wiederholt Happy langsam. »Das kann ich mir nicht vorstellen.«

»Woher willst du das wissen?«, blafft Finja. »Du bist doch nur ein Hund im Handy.«

»Okay, ich spüre, höre, sehe, dass du sehr böse auf mich bist. Das gefällt mir nicht. Das gefällt mir gar nicht.«

»Warum hast du mir den Rechenweg nicht gezeigt? Das Ergebnis allein nützt mir gar nichts.«

»Entschuldige bitte, dass ich *nur* helfen wollte«, sagt Happy schnippisch.

»Tolle Hilfe«, zischt Finja. »Weißt du, ich bin nur mit Mühe auf diese Schule gekommen. Wenn ich weiter eine Fünf nach der anderen liefere, muss ich da wieder runter. Und meine Freunde bin ich dann auch los.«

»Und dafür willst du mir die Schuld geben?«

»Wer ist denn hier als Nachhilfelehrer ein Totalreinfall?«

Was ist denn jetzt los? Dieses Geräusch kennt Finja noch gar nicht.

Nach einem kurzen Blick auf den Bildschirm stellt sie

fest, dass ihr Knochis abgezogen worden sind. »Ernsthaft, Happy? Ich verliere jetzt Knochis?«

»Seitdem wir unterwegs sind, hältst du an keinem einzigen Baum an«, klagt er. »Meine Blase ist so groß wie ein Heißluftballon. Stattdessen beschimpfst du mich ununterbrochen. Ich habe dich mehrfach gewarnt.«

»Hä? Spinnst du?«

»Tut mir leid, Fini«, erklärt Happy beleidigt. »Aber ich bin auch nur ein Hund.«

Und dann wird der Bildschirm schwarz.

6

GO-HAPPY-GO

Erst verwöhnen, dann löhnen

Es gibt schon wieder ein neues Happy-Spiel, es heißt *Go-Happy-Go*. Die Macher von *BellBell-Games* haben dazu überall draußen virtuelle Knochis, Edelsteine und andere Goodies versteckt. Angeblich, so hat es Omar in einer Pause erzählt, soll es sogar ein goldenes Ei geben. Wer es findet, kassiert auf einen Schlag 10.000 Knochis.

»Und ich weiß schon, wer der glückliche Gewinner sein wird.« Omar zeigte auf sich. »Der Meister!«

Eine Landkarte auf dem Smartphone deutet mit Fähnchen an, wo sich im Stadtgebiet die Fundstellen befinden könnten.

Glücklicherweise ist Happy nicht mehr sauer auf Finja. Eine Weile hat er zwar noch stumm vor sich hin geschmollt. Aber schon der Kauf einer nagelneuen Gutscheinkarte und ein paar neue Leckereien reichten aus, um ihm wieder das alte Strahlen ins Gesicht zu zaubern. Der Geschenkcode von Finjas Papa war gekommen.

»Du musst bei *Go-Happy-Go* ständig auf der Hut

sein«, warnt Happy sie. »Da lauern überall tödliche Fallen.«

»Tödlich?«, fragt Finja erschrocken nach. »Wie ist das denn gemeint?«

»Na ja, nicht im wörtlichen Sinn«, räumt Happy ein. »Aber in diesem Spiel gibt es jetzt auch Feinde: die Eis- und Feuerhunde. Begegnest du auf der Knochi-Suche einem Eishund, werde ich – *brrrrr* – für wenige Sekunden eingefroren. Ich kann dich nicht mehr beschützen und der Eishund klaut dir – *zack-wuff* – einen großen Teil deiner Knochis. Dann sind wir beide erledigt, verstehst du?«

Finja nickt nachdenklich. »Und was macht der Feuerhund mit dir?«

»Na ja.« Happy schluckt. »Es ist besser, wenn du das nicht weißt. Der Feuerhund verbrennt allerdings deine ganzen Knochi-Vorräte. *Zack-puff!* Einfach so!«

»Und woher weiß ich, wo mir bei der Knochisuche so ein fieser Hund auflauert?«

»Weißt du nicht«, antwortet Happy trocken. »Risiko.«

Finja würde zwar gerne mitmachen, ist aber nicht gerade begeistert. Die ganzen unter Mühen eingesammelten Knochis könnten durch diese Eis- und Feuerhunde einfach so verloren gehen. Und es gibt noch einen weiteren Haken: Wer *Go-Happy-Go* spielen möchte, muss sich den *HappyScanner runterladen*. Und der kostet richtig viele Knochis. Dafür reichen ihre Vorräte nicht aus.

Und weil inzwischen ihre Ersparnisse aufgebraucht sind, muss sie sich möglichst schnell etwas Neues einfallen lassen. Auch um Happy bei Laune zu halten, denn ohne Spezialfutter wird er knatschig und mault den ganzen Tag herum. Die Lösung des Problems ist eigentlich naheliegend: Sie braucht mehr Taschengeld. Und sie hat sich auch schon genau überlegt, wie sie vorgehen will.

Um schwierige Themen anzusprechen, ist der Samstagmorgen der ideale Zeitpunkt. Am Wochenende ist ihre Mutter nicht so gestresst. Finjas Plan ist einfach: Erst verwöhnen, dann löhnen! Darum steht Finja heute früher auf, deckt schon mal den Frühstückstisch und setzt die Kaffeemaschine in Betrieb.

Während die Maschine leise vor sich hin blubbert, räumt sie die Spülmaschine aus. Dafür gibts immer Pluspunkte, auch wenn sie diese Aufgabe ja eigentlich im Tausch von Elena übernommen hat. Kaum ist der Kaffee fertig, wählt Finja aus psychologischen Gründen die »The BOSS«-Tasse aus dem Küchenschrank und gießt heißen Kaffee hinein. Zwei Stück Zucker, ein Tröpfchen Milch, umrühren – fertig.

Danach schiebt sie vorsichtig die Schlafzimmertür auf. Wegen der herabgelassenen Rollos ist es drinnen noch recht dunkel. Ihre Mama ist aber bereits wach und schreibt anscheinend etwas auf ihrem Smartphone.

»Guten Morgen. Ich habe Frühstück gemacht«, sagt Finja und stellt den Kaffee auf den Nachttisch.

Ohne aufzusehen, tippt Mama weiter. »Mhm.«

»Du, Mama, kann ich was mit dir besprechen?«

»Mhm.«

»He, du hörst mir ja gar nicht zu! Ich habe dir extra Kaffee gebracht.«

»Kleinen Moment«, sagt ihre Mutter. »Ich muss das nur noch schnell zu Ende schreiben …«

Gelangweilt schaut sich Finja im Schlafzimmer um. Neben dem Bett steht eine Wasserflasche, daneben ist ein kleiner Stapel Bücher kurz davor umzukippen. Das Sonnenlicht blinzelt durch die Schlitze der Rollläden. Der Sekundenzeiger des Weckers zieht tickend seine Runden.

»Sag mal!« So langsam verliert Finja die Geduld. »Wie lange brauchst du denn noch?«

»H-habs gleich«, murmelt ihre Mutter, »das ist gerade wichtig.«

»Wegen der Arbeit?«

»Mhm.«

Seufzend setzt sich Finja direkt neben sie ins Bett. Früher hat hier Papa geschlafen, aber das ist lange her.

Damals hat Finja in diesem Bett jeden Sonntagmorgen erst mal ordentlich mit ihm getobt.

Mehr aus Langeweile als aus Neugier schaut Finja schließlich, wem ihre Mutter schreibt. Da trifft sie der Schlag: Sie tippt gar nichts, sondern versucht gerade, drei Edelsteine einer Farbe in eine Reihe zu bringen. Allerdings ist sie darin auch noch richtig schlecht.

»Mama!!« Finja ist fassungslos. »Du spielst ja!«

Müde lässt ihre Mutter das Telefon sinken und schaut sie gequält an. »Du hast mich voll erwischt, Fini. Wie peinlich.«

»Wobei erwischt?« Finja regt sich immer mehr auf. »Beim Spielen oder beim Lügen?«

»Du hast ja recht«, räumt ihre Mutter ein. »Ach, ich wünschte, Elena hätte mir dieses blöde Spiel nie gezeigt. Seitdem ich es habe, komme ich zu nichts anderem mehr. Es ist wie eine Sucht.« Sie lächelt. »Das einzig Gute daran ist, dass ich dich jetzt viel besser verstehen kann, wenn du dauernd mit deinem Dackel spielst.«

Finja verdreht die Augen. »Das ist kein Dackel, sondern Happy. Ich habe Frühstück gemacht. Der Kaffee ist auch fertig. Steht neben dir.«

»Nanu? Was ist denn los?« Mama richtet sich im Bett auf. »Ich habe weder Geburtstag noch ist Muttertag.«

Finja grinst. »Kann eine Tochter ihrer Mutter nicht mal einfach so Kaffee kochen?«

Mama beugt sich zu Finja rüber und wuschelt ihr

durch die Haare. »Du willst doch was. Gibs endlich zu!«

»Na ja«, sagt Finja, »ich habe mich mal im Internet umgeschaut und festgestellt, dass ich für mein Alter echt zu wenig Taschengeld bekomme.«

Die Mutter trinkt einen Schluck Kaffee. »Ach ja?«

»Ja, ich finde, 20 Euro im Monat sind echt viel zu wenig. Ich gehe schließlich schon in die fünfte Klasse.«

»Wofür brauchst du denn mehr Geld?«

»Nur so. Wei bekommt 35 Euro und Omar sogar 100 Euro. Nur ich habe fünf Euro pro Woche. Damit geht echt nicht viel ...«

»100 Euro?«, fragt ihre Mutter überrascht. »Das kann ich gar nicht glauben. Aber meinetwegen. Ich erhöhe dein Taschengeld auf 25 Euro. Einverstanden?«

»Danke! Aber ich brauche auch noch etwas Geld zum Einkaufen. Heute ist die Zeltparty bei Omar und jeder soll etwas zum Grillen mitbringen.«

Knochi-Jäger auf der Suche nach dem goldenen Ei

Finja ist mit Wei im Einkaufszentrum verabredet. Im Treppenhaus begegnet sie ihren Nachbarn. Winfried und sein Vater tragen alberne Tropenhelme und kurze khakifarbene Hosen. Sie muss nicht lange überlegen, was die beiden vorhaben: *Go-Happy-Go*.

»Wo wollt ihr denn so früh hin?«, ruft ihnen Frau

Tressler hinterher. Sie trägt einen quietschgelben Morgenmantel.

»*Go-Happy-Go*«, ruft Winfried, der sein Handy fest umklammert.

Der Vater hält ebenfalls sein Smartphone in der Hand. »Ich gehe da besser mal mit. Nur vorsichtshalber!«

Frau Tressler seufzt. »Hauptsache, das Kind kommt an die frische Luft.«

Go-Happy-Go ist der absolute Hit. Die ganze Stadt dreht schon durch deswegen. Überall auf den Straßen, in den Parks oder U-Bahn-Stationen wuseln Menschen herum, die mit ihrem Smartphone noch den verborgensten Winkel abgrasen. Und alle suchen nach Knochis, Edelsteinen und dem goldenen Ei.

Irgendwie verrückt, denkt Finja. Bisher kannte sie aus dem Netz meist nur die Hunde der anderen. Doch jetzt sieht sie überall die *Happynistas* selbst. In echt.

Zu Finjas Überraschung sind Happy-Fans nicht immer nur Kinder oder Jugendliche, sondern zum Teil auch ganze Familien. Sie laufen in großen Trupps herum und verstopfen die Wege. Sogar einzelne Erwachsene und Rentner hat Finja schon entdeckt. Einer hatte eine Handyhalterung direkt an seiner Gehhilfe neben einer Hupe festgemacht.

Finja findet es schon cool, wenn so viele unterschiedliche Menschen mitmachen, vereint durch ihre Happy-Begeisterung. Obwohl sie es als etwas peinlich empfindet, wenn ältere Menschen aufgeregt wie kleine Kinder nach Knochis und Edelsteinen suchen. Andererseits: Niemand kann das besser verstehen als Finja.

Gleich an der Tankstelle um die Ecke hat sie sich eine neue Gutscheinkarte gekauft. Diesmal sogar die teure für 48 Euro. Das ging nur, weil sie von ihrer Mutter eine mehrmonatige Nachzahlung verlangt hat. Und einen Vorschuss auf den kommenden Monat.

Leider ging aber auch das Einkaufsgeld für die Grillfeier drauf. Dafür ist nun auch sie – tada! – stolze Besitzerin eines Scanners. Und pleite.

Auf ihrem Weg zum Einkaufszentrum hält Finja hinter jedem Baum und jeder Mülltonne nach versteckten Gegenständen Ausschau. Mit bloßem Auge ist rein gar nichts zu erkennen, erst durch den Scanner wird alles sichtbar. Auf dem Display schweben bunte Knochis wie Blätter im Wind hin und her. Bereits vier grüne Edelsteine und 22 Knochis hat sie gefunden, dazu erhält sie noch die Knochis fürs Gassigehen. Happy jedenfalls scheint mit der Ausbeute seines Frauchens ganz zufrieden zu sein.

Allerdings kommt Finja wegen dieses neuen Spiels mal wieder zu spät. Sie ist mit Wei vor dem Lebensmittelmarkt im Untergeschoss des Einkaufszentrums verabredet, um das Grillfleisch fürs Zelten zu besorgen. Weil sie Wei nirgends entdecken kann, geht Finja noch einmal ganz kurz selbst auf die Jagd.

Ganz in der Nähe der Rolltreppe zeigt die Karte etwas an. Tatsächlich erkennt Finja beim Blick durch den Scanner gleich drei schwebende rote Edelsteine. Jetzt bloß die Nerven behalten und alle drei aufsaugen! Vorsichtshalber schaut sie, ob vielleicht irgendwo ein gefährlicher Eishund oder ein Feuerhund lauert. Die Luft ist rein. Zum Glück.

Doch als sie sich gerade die Steinchen schnappen will, bekommt sie einen starken Stoß in den Rücken, sodass sie zu Boden stürzt. Ihr Handy fällt ihr aus der Hand und schlittert noch ein paar Meter weiter.

»Verschwinde, Kleine«, brummt ein Erwachsener in Joggingklamotten hinter ihr und lacht hämisch. »Die Klunker sind mein, hahaha.«

»He«, ruft Finja und rappelt sich mühsam hoch. »Ich habe die zuerst entdeckt!«

»Geh heulen, Kleine! Wah-wah-wah …« Dann stapft der Typ davon.

So was Gemeines. Der Kerl ist schlimmer als Eis- und Feuerhunde zusammen. Finja hebt ihr Handy auf. In der Scheibe entdeckt sie einen feinen Riss. Auch das noch …

»Hast du das eben mitbekommen, Happy?«, fragt sie.

»Ja. Das ist *hundgeheuerlich*! Ich habe das bereits in der *BellBell*-Zentrale gemeldet. So jemand hat in unserer Happy-Welt nichts verloren.«

»Wie willst du den denn wiederfinden?«, fragt Finja missmutig.

»Vertrau mir, Fini, die Zentrale hat da Mittel und Wege. Schließlich können wir auf sein Handy und sein Bewegungsprofil zugreifen. Glaub mir, Sheriff Happy schnappt den Mistkerl.«

Das beruhigt Finja zwar ein wenig, macht aber den kaputten Bildschirm auch nicht wieder ganz.

Unglücklich kehrt sie zum Lebensmittelmarkt zurück. Ihre Knie schmerzen und die Handflächen brennen vom Sturz. Inzwischen ist auch Wei angekommen, die auf ihrem Smartphone herumdrückt.

»Tut mir echt leid, dass ich zu spät bin, Fini. Aber der Scanner hat wie verrückt ausgeschlagen und ich habe schon 12 Edelsteine.« Erst jetzt schaut Wei auf. »Oh Mann, wie siehst du denn aus?«

Finja klopft sich den Staub von den Klamotten und fasst in wenigen Worten zusammen, was geschehen ist.

»So eine Schweinerei«, schimpft Wei. »Vielleicht haben ja die Kameras vom Einkaufszentrum was festgehalten. Wir können ja die Polizei holen.«

»Hinter den Rolltreppen sind bestimmt keine Kameras. Aber Happy kümmert sich bereits darum.«

Wei grinst. »Guter Hund.«

Nachdenklich schaut Finja ihr Handy an. »So ein Scheibentausch kostet bestimmt 100 Euro. Und ich bin schon wieder so was von pleite.«

»Na ja, das ist doch nur ein kleiner Riss. Du kannst ja trotzdem noch alles erkennen. Lass uns lieber einkaufen gehen. Soweit ich weiß, isst die Familie von Omar kein Schweinefleisch. Dann nehmen wir irgendwas mit Huhn oder so …«

»Wenn du meinst«, sagt Finja.

Der Lebensmittelladen ist riesig. Auf dem Weg zur Fleischabteilung brummt Finjas Handy.

SONDERANGEBOT:
LECKERER SCHOKOAUFSTRICH, 99 CENT

JETZT KAUFEN:
HUNDEFUTTER, NUR 88 CENT DIE DOSE

KAUFEN SIE 3 DUSCHI-GEL UND
ZAHLEN SIE NUR 2!

NEU: DIE HAPPY-SCHOKO-KNOCHIS –
IM REGAL BEI DEN SÜSSIGKEITEN.

»Kriegst du auch die ganze Zeit diese blöde Werbung auf dem Handy?«, fragt Finja genervt.

Wei schüttelt den Kopf. »Du musst aufs X tippen, dann geht sie weg.«

»Ja, stimmt. Danke für den Tipp«, meint Finja.

Ohne es zu merken, haben die beiden Mädchen das Regal mit den Happy-Gutscheinkarten erreicht.

»Oh«, sagt Wei. »Ich würde mir so gerne eine holen …«

»Mach doch«, ermutigt sie Finja.

»Ich darf doch kein Geld für Apps ausgeben. Jeden verdammten Knochi muss ich mir verdienen. Meine Mutter kontrolliert jeden Abend mein Handy.«

Finja muss lachen. »Verrückt. Du hast Geld und darfst nicht, und ich bin pleite und kann nicht.«

Wei klopft ihr auf die Schulter und lächelt. »Ach komm. Ich kann dir doch was leihen. Kein Ding.«

»Ehrlich? Und deine Mutter?«

»Erfährt nichts davon.«

Finja schaut Wei schuldbewusst an. »Wenn ich ganz ehrlich bin, habe ich aber auch keine Kohle mehr für den Einkauf.«

Wei legt ihr den Arm um die Schulter. »Hey, wozu sind beste Freundinnen denn da?«

Die Party des Meisters

Auf dem Weg zu Omar greifen die beiden Mädchen mit dem Scanner noch ein paar Knochis ab. Plötzlich muss Wei lachen.

Finja beugt sich über das Telefon ihrer Freundin. »Was ist denn so lustig?«

»Ich bin aus Versehen auf die *Happy-Galerie* gekommen, sieh mal.«

Finja erkennt auf dem Foto einen völlig verdatterten Dicki, der auf dem Klo sitzt. Offensichtlich haben andere das Bild online gestellt.

»Schau nur«, meint Wei. »All die fiesen Kommentare, haha.«

Finja beschleicht ein merkwürdiges Gefühl. »So richtig witzig finde ich das nicht.«

»Echt nicht?«, sagt Wei. »Ich schon. Ich meine, selbst

schuld, warum nimmt er auch sein Handy mit, wenn er sich auf den Topf setzt?«

Finja will etwas erwidern, aber da sieht sie schon Lenny, der mit einer Tüte vor der Haustür von Omars Einfamilienhaus auf den Stufen sitzt und mit seinem Handy spielt.

»Warum gehst du denn nicht rein?«, fragt sie. »Oder wartest du extra auf uns?«

Er schüttelt den Kopf. »Nee, es macht keiner auf. Vielleicht sind wir zu früh.«

Wei schaut auf ihr Smartphone. »Eigentlich nicht.«

Finja klingelt und hört ein leises *Ding-Dong*.

Niemand öffnet.

»Komisch. Dann rufe ich ihn eben an.« Finja presst die Lippen aufeinander und lauscht. »Mist, nur die Mailbox.«

»Ich habe ihm auch schon über *WhatsHappy* geschrieben«, meint Lenny. »Keine Reaktion.«

Wei ist beunruhigt. »Es wird ihm doch nichts passiert sein?«

»Finden wir es raus«, sagt Finja und klingelt Sturm.

»Da!« Lenny springt auf und zeigt nach oben. »Ich glaube, hinter dem Vorhang hat sich was bewegt. Das ist doch Omar!«

»Hä? Wo?« Wei schaut ebenfalls hoch. »Ich sehe nichts.«

Finja drückt den Finger immer wieder auf die Klingel.

Dann hämmert sie gegen die Tür. »Omar, mach endlich auf! Wir wissen, dass du da bist!«

Endlich wird die Haustür aufgerissen.

»Darf ich vielleicht mal erfahren, was dieses Theater soll?«, schnauzt Omars Vater.

Sonst ist er immer ein ganz entspannter Typ, aber heute scheint er schlechte Laune zu haben. Sogar besonders schlechte Laune.

»Wir kommen wegen der Zeltparty«, sagt Finja und hält die Einkaufstasche hoch. »Wir haben auch was zum Grillen mitgebracht.«

»Tut mir leid, aber eure kleine Party muss leider ausfallen.«

»Was? Wieso?«, fragt Lenny.

»Das sollte euch Omar eigentlich persönlich sagen. Aber mein feiner Herr Sohn ist schlichtweg zu feige und hat sich in sein Zimmer verkrochen.«

»Aber wir wollten doch zusammen feiern«, meint Wei.

»Was denn feiern?«, wundert sich Omars Vater.

»Omar hat für einen Vortrag eine Eins bekommen, und darum hat er uns eingeladen«, erklärt Wei. »Mit Grillen und so.«

»Jaja, die Eins, ich weiß«, sagt der Vater und will die Tür schließen. »Aber die Party muss trotzdem ausfallen. Sorry, Leute.«

»Aber warum denn?«, hakt Finja nach. »Ist was passiert?«

»Du fragst, warum?« Jetzt wird Omars Vater richtig böse. »Ich sage dir, warum: weil Omar sehr viel Geld für dieses saudumme Handyspiel ausgegeben hat. Und ich rede von wirklich sehr viel Geld.«

So richtig überrascht ist keiner der drei Freunde. Omar hat in der Tat ganz schön Geld verprasst und mit seinen Einkäufen die ganze 5c neidisch gemacht.

»Na und? Ist doch keine große Sache«, findet Lenny. »Omar kann doch mit seinem Geld machen, was er will.«

»Du hast recht, Lenny, wenn es *sein* Geld wäre. Nur hat Omar für seine Einkäufe meine Kreditkarte verwendet. Ohne mich zu fragen! Ich bin aus allen Wolken gefallen, als ich meinen Kontoauszug gesehen habe. Jetzt gibt es erst mal vier Wochen Hausarrest und Handyverbot. Und wie er das mit dem Geld wiedergutmachen kann, überlege ich mir noch. Ich hoffe nur, dass keiner von euch so einen Mist baut. Spielt ihr das eigentlich auch?«

Finja und Wei schauen betreten zu Boden.

»Von wie viel Geld reden wir denn?«, will Lenny wissen.

»Etwa 3300 Euro«, meint der Vater knapp, dann schlägt er ihnen die Tür vor der Nase zu.

7

HAPPY LÖSCHING

Hundglaublich viel Ärger

Die Sache mit Omar hat Finja sehr nachdenklich gestimmt. Die halbe Nacht liegt sie wach und macht sich Sorgen um ihren Freund. Wie soll er jemals wieder aus diesem Schlamassel herauskommen? Er verdient schließlich noch kein Geld. Und selbst wenn das mit den 100 Euro Taschengeld im Monat stimmt, muss er über 33 Monate ohne Taschengeld auskommen, um seinem Vater das Geld zurückzuzahlen. Und dazu der ganze Ärger mit seinen Eltern. Ob sie überhaupt noch mit Omar reden? Bei ihm zu Hause muss eine unerträglich schlechte Stimmung herrschen.

Hätten sie nicht als Freunde Omar irgendwie von diesen Einkäufen abhalten können? Nur wie? Schließlich haben sie ja gar nicht gewusst, dass er für Goldie die Kreditkarte seines Vaters benutzt hat …

Unruhig wälzt Finja sich im knarrenden Bett hin und her. Gut, dass Elena heute bei einer Freundin schläft, sonst wäre sie bestimmt schon ausgerastet!

Finja kann sich nicht vorstellen, dass es Omar

bewusst gewesen ist, wie viel Geld er ausgegeben hat. Aber Moment mal, geht es ihr nicht eigentlich ganz ähnlich? Auch ihr Guthaben versickert unmerklich und schleichend.

Sie beginnt nachzurechnen. Mittlerweile hat sie schon fünf Gutscheine für 18 Euro gekauft, einen für 48 Euro und dann noch Geld für eine weitere Karte für 48 Euro von Wei geliehen, das Geld für den Grill-Einkauf nicht mitgerechnet. Sie nutzt im Dunkeln den Taschenrechner ihres Handys.

Gutscheinkarte 18 x 5 = 90 Euro. Gutscheinkarte 48 x 2 = 96 Euro. Das macht insgesamt 186 Euro.

Was???

Fast 200 Euro?

Ohne es zu merken! Warum hat sie bloß nicht mal früher nachgerechnet? Finja richtet sich auf und knipst das Licht der Nachttischlampe an. Ihre ganzen ersparten Kröten sind futsch! Ihr wird heiß und kalt.

Happy
Was rechnest du denn da? Übst du wieder für die Schule?

Finja
Nein, ich wollte nur ausrechnen, wie viel Geld ich für dich schon ausgegeben habe.

Happy
Da musst du doch nicht rechnen. Du brauchst mich doch nur zu fragen. Augenblick ... Es sind ... *zack-wuff* ... 186 Euro. *Hundeluja!* Fleißiges Finchen.

Finja schnauft. »Das ist doch sehr viel Geld, findest du nicht?«

»Na und? Schau mich doch an. Bin ich das etwa nicht wert?«

Finja denkt nach. Sie kann es nicht fassen, sie hat so lange für ihr Geld gespart! Okay, sie hatte dafür auch jede Menge Spaß mit Happy, aber jetzt eben auch Schulden.

»Ähem, ich sagte, bin ich das etwa nicht wert?«, fragt Happy noch einmal.

»Doch.« Finja will vermeiden, dass er schon wieder sauer auf sie ist und sie sich dann wieder sein Wohlwollen erkaufen muss. »Aber hätte Goldie Omar nicht bremsen können? 3300 Euro ist doch echt happig.«

»Entschuldige bitte. Müssten Menschen nicht eigentlich wissen, was sie tun, wenn sie etwas tun?«, meint Happy.

»Aber Omar ist doch noch ein Kind!«, wendet Finja ein.

Happy winkt mit einer Pfote ab. »Erst wollt ihr kleinen Kinder wie große Erwachsene behandelt werden.

Aber sobald der kleinste Fehler passiert, redet ihr euch raus. *Ich bin doch noch ein Kind! Das habe ich nicht gewusst! Mamiiiii … Buhuhu!*«

Das findet Finja gemein. »3300 Euro sind kein kleiner Fehler. Hat Omar überhaupt eine Chance, dass sein Vater das Geld von *BellBell-Games* irgendwie zurückbekommt?«

»Gekauft ist gekauft«, erklärt Happy. »Außerdem weiß ich gar nicht, warum Omar dir so leidtut.«

»Also hör mal! Omar ist doch mein Freund.«

Der Hund legt den Kopf schief. »Einen schönen Freund hast du da.«

»Wir kennen uns seit der Grundschule. Wie ist denn das jetzt schon wieder gemeint?«

»Dann schau dir doch das mal an …«, sagt Happy.

Auf dem Bildschirm sieht sie Omar. Wie immer mit nach oben gegelten Haaren. *Finja ist nicht meine Freundin*, sagt er.

Finja ist geschockt. »W-was? Warum sagt er das?«

»Keine Ahnung. Möchtest du noch mehr über dich hören?«

»Nein.« Finja seufzt. Schließlich siegt ihre Neugier. »Ja. Doch. Zeig.«

Wieder erkennt sie Omar irgendwo draußen. *Manchmal kann Finja einem den letzten Nerv rauben. Alles dreht sich nur um Hunde. Hunde, Hunde, Hunde. Ein Wunder, dass sie nicht selbst aus einem Napf frisst*, sagt er.

Wie bitte? Finja ist stinksauer. Sie überlegt, ob sie Omar anrufen soll. Aber sie beschließt, ihn morgen in der Schule persönlich darauf anzusprechen.

Nur kommt Omar am nächsten Tag nicht zur Schule. Er ist krank. Angeblich. Aber Finja glaubt dem Kerl jetzt gar nichts mehr. Vielleicht geschieht es ihm ja ganz recht, so viel Ärger zu haben, wenn er so einen üblen Mist über sie erzählt.

Brumm

Der Vorlesewettbewerb findet ein paar Tage später in der Mediothek der Schule statt. Die Jury aus fremden Erwachsenen schüchtert Finja ein wenig ein. Allein vor der Klasse zu stehen fällt ihr ja schon schwer. Zwar lächeln die Damen und Herren recht freundlich, aber das hat nicht viel zu sagen: Am Ende zählt die Leistung. In letzter Zeit hat Finja viel mit Happy geübt. Na ja, vielleicht nicht ganz so viel, wie eigentlich nötig gewesen wäre, aber der Hund war zufrieden und hat ständig ihre Fortschritte gelobt. Dennoch überfallen Finja jetzt große Selbstzweifel, ob sie wirklich gut genug für den Wettbewerb ist.

Dann entdeckt sie Lenny. »Was machst du denn hier? Liest du auch was vor?«

Er schiebt nervös die Brille nach oben. »Äh, nein. Wollte mir das nur mal anschauen.«

Für einen Augenblick weiß Finja nicht, was sie sagen soll. Sie setzen sich auf zwei Plätze nebeneinander.

»Omar ist immer noch nicht wieder da. Hast du was von ihm gehört?«, fragt sie nach einer Weile. »Meinst du, er ist wirklich krank, oder tut er nur so?«

»Keine Ahnung.« Plötzlich wirkt Lenny gereizt. »Und es ist mir auch scheißegal.«

Finja beugt sich zu ihm rüber. »Was ist denn los? Bist du sauer?«

Lenny zieht sein Handy aus der Tasche und zeigt Finja ein Video von Omar.

Ich glaube, niemand kann Lennys Freund sein, sagt Omar unüberhörbar. *Der interessiert sich nur für Computer. Wenn Lenny ausflippt, hält es keiner mit ihm aus. Ein komplett Geisteskranker!*

Finja schluckt. »Wie ätzend. Und ich dachte, ihr seid die dicksten Kumpel.«

»Also von mir aus kann der große ›*Meister*‹ bleiben, wo der Pfeffer wächst!«, erklärt Lenny grimmig.

»Du bist nicht der Einzige, über den er schlecht redet.« Finja zeigt ihm ihr Video.

»Da haben wir uns wohl alle schwer in ihm getäuscht«, knurrt Lenny. »Der spinnt doch!«

»Wer spinnt?«, erkundigt sich Wei. »Redet ihr zufällig von Omar?«

Beide nicken.

»Xìngfú hat mir ein superfieses Video von ihm

gezeigt. Darin sagt er richtig üble Sachen über mich«, sagt Wei.

»Wir sollten ihn nach der Schule besuchen und zur Rede stellen«, meint Finja. »So geht man nicht mit seinen Freunden um.«

»Ich habe schon nachgesehen, ob er online ist«, sagt Lenny. »Ist er aber nicht. Untypisch für ihn.«

Die üblen Videos von Omar haben Finja mächtig aufgewühlt. Als der Wettbewerb beginnt, ist sie ganz schön nervös. Wei dagegen scheint nichts aus der Ruhe zu bringen: Sie beginnt und liest perfekt. Danach ist ein Junge mit einer Quäkstimme dran. Finja nimmt sich fest vor, auf jeden Fall besser als diese Heulboje zu lesen. Das kann sie schaffen.

Als Finja nach vorne tritt, wird ihr Mund ganz trocken und sie nimmt einen kleinen Schluck Wasser. Zu ihrer Freude bekommt sie »Tom Sawyer und Huckleberry Finn« zugeteilt. Was für ein Glück! Es wurde zwar ein ihr fremdes Kapitel ausgewählt, aber immerhin kennt sie ja bereits die Charaktere.

Finja liest richtig gut vor, bis sie etwas in ihrer Hosentasche spürt.

Brumm.

Brumm.

Oh nein, denkt sie und liest weiter.

Brumm.

Brumm.

Bitte nicht jetzt, denkt sie und liest weiter. Nun holpert es aber schon etwas.

Brumm.

Brumm.

Und dann ist es passiert. Sie ist raus und findet auch nicht wieder rein. Sie beginnt zu stottern.

Brumm.

Brumm.

Die drei Jurymitglieder bedanken sich freundlich, aber Finja weiß Bescheid. Sie hat es wieder einmal vermasselt.

Finja fühlt sich miserabel. Ohne das Ergebnis abzuwarten, ist sie aus der Mediothek weggelaufen und hat sich bei den Fahrrädern am Eingang des Schulhofs versteckt. Dort hockt sie auf einem fremden Gepäckträger und hängt ihren trüben Gedanken nach. Der Vorlesewettbewerb, die Matheaufgabe, der Englischtest: Nichts davon hat sie hinbekommen. Finja ist bitter enttäuscht von sich selbst.

Wie kann es sein, dass sie immer wieder scheitert, obwohl sie sich doch eigentlich Mühe gibt?

Brumm.

Wie durch einen Nebel hört sie ihre Mitschüler in der Hofpause. Sie stehen in Grüppchen zusammen, zeigen sich gegenseitig ihre Handys und kringeln sich vor Lachen. Sollen sie doch. Das ist ihr vollkommen schnuppe. Bald muss sie sowieso die Schule verlassen, so viel steht schon mal fest. Und damit auch ihre Freunde.

Brumm.

»Hey«, reißt Lenny sie aus ihren Gedanken. »Hier bist du! Ich habe dich überall gesucht.«

Sie antwortet nicht.

»Komm schon«, sagt Lenny und legt ihr die Hand auf die Schulter. »Jeder hat mal einen schlechten Tag, Fini. Mach dir nichts draus. Beim nächsten Lesewettbewerb machst du es sicher besser.«

»Hat Wei gewonnen?«, fragt Finja, ohne aufzusehen.

Lenny nickt. »Ja.«

Sie schnieft. »Ich wäre jetzt lieber alleine.«

»Bist du sicher?« Lenny mustert sie besorgt. »Vielleicht kannst du etwas Gesellschaft gebrauchen.«

»Ich meins ernst«, sagt Finja und klingt schärfer, als sie möchte. Aber darauf kommt es jetzt auch nicht mehr an.

Ein wenig überrascht zuckt Lenny zusammen und trottet davon.

Brumm.

Noch immer biegen sich die anderen Schüler im Hof vor Lachen. Finja erträgt es nicht länger, schnappt sich ihren Ranzen und macht sich auf den Weg.

Als sie bei den Mülltonnen vorbeikommt, hört sie ein seltsames Geräusch. Es klingt jämmerlich. Vielleicht ein Kätzchen, denkt sie. Es ist aber kein Kätzchen. In einer Ecke hinter den Mülltonnen kauert Dicki und weint.

»Hey«, sagt sie. »Was ist los?«

Dickis Augen sind ganz rot. Rotz läuft ihm aus der Nase.

»Lass mich bloß in Ruhe«, sagt er trotzig. »D-das ist alles deine Schuld.«

Es ist das erste Mal, dass Dicki richtig mit ihr spricht. Auf dem Boden vor ihm liegen eklige Essensreste, und Ameisen und Fliegen machen sich darüber her. Es stinkt.

Brumm.

»Hä? Was bitte soll meine Schuld sein?«, fragt sie empört.

Dicki zieht den Rotz hoch. »Du hast es doch garantiert auch gesehen!«

Langsam dämmert es Finja. »Meinst du das Klofoto? Das war echt fies.«

»Nicht nur das«, antwortet er. »Ich habe danach versucht, diese blöde App zu löschen. Aber das hat alles nur noch schlimmer gemacht.«

Brumm.

So richtig versteht Finja nicht, was Dicki da redet. »Wieso noch schlimmer?«

Dicki zeigt mit dem Finger in Richtung Schulhof. Dort herrscht immer noch großes Gelächter. »Hörst du das denn nicht? Die lachen mich alle aus. Ich kann nie wieder zur Schule.«

»Komm schon. Es ist doch nur ein Foto«, sagt Finja versöhnlich. »Das vergessen die doch auch schnell wieder.«

»Es geht nicht ums Foto. Happy hat heimlich meine Mutter aufgenommen und allen das Video geschickt. Und ich meine, wirklich *allen Happynistas*!«

»Unmöglich.« Finja schüttelt den Kopf. »So was geht doch gar nicht.«

»Und ob das geht!«, brüllt Dicki sie an und klingt eher verzweifelt als wütend.

Finja versteht das Ganze immer noch nicht richtig. »Was hat denn deine Mutter so Schlimmes gesagt?«

Misstrauisch starrt Dicki sie an. »D-dann hast du es noch gar nicht gesehen?«

»Oh Mann!« So langsam verliert Finja die Geduld. »Was denn gesehen?«

»E-es ist so. Also … manchmal passiert mir nachts ein k-kleines Unglück im Bett.« Er schluchzt kurz auf. »Ich kann nix dafür, ich schlafe eben, und es sind nur ein paar Tropfen Pipi. Und jetzt hören sich alle an, wie meine Mama deshalb mit mir schimpft.«

Finja kann das immer noch nicht glauben. »Wirklich? Das soll die App von alleine getan haben? Vielleicht hast du das Video ja aus Versehen selbst aufgenommen.«

Brumm.

»Quatsch!«, blafft er. »Du kapierst es nicht. Sobald du nicht tust, was Happy will, hat das Folgen. Furchtbare Folgen.«

Da war was dran. Finja muss an den Vorlesewettbewerb denken. Happy konnte sehr ungemütlich werden, wenn es mal nicht nach seiner Schnauze lief. Aber so was? Das würde er doch niemals machen.

»Und noch schlimmer wird es«, sagt Dicki, »wenn du die App löschst.«

Finja starrt ihn zweifelnd an. »Und was bitte soll daran meine Schuld sein?«

»D-du hast mich schließlich zu Happy eingeladen. Du warst das! Hätte ich die App nie heruntergeladen, wäre das alles nie passiert.« Er wischt sich mit dem Ärmel den Rotz von der Nase. »Ich wollte doch nur, dass wir Freunde sind. Du und ich.«

Plong! Plong! Plong!

Happy
Bist du da?

Happy
Ich weiß, dass du da bist.

Happy
Halloooo?

Happy
Wenn du nicht antwortest, gibt es Punktabzug.

Happy
Fini? Ich kann dich atmen hören. Rede mit mir.
Sag nicht, ich hätte dich nicht gewarnt.

Überraschungsbesuch

Finja ist am Boden zerstört. Sie möchte nur noch allein sein, in ihr Zimmer gehen und die Tür hinter sich zumachen. Aber beim Betreten der Wohnung fällt sie fast über einen geöffneten Koffer auf dem Boden.

Papa, denkt sie. Normalerweise ist sie ganz aus dem Häuschen, wenn ihr Vater endlich mal nach Hause kommt. Aber heute kann sie sich über gar nichts mehr freuen.

Als Finja die Küche betritt, umarmt ihr Vater sie. Sie lässt es wie ein lebloses Stofftier geschehen.

»Was ist denn los?«, fragt er. Ihrer Mutter rutscht der Korken mit einem Knall aus der Flasche, dann gießt sie Sekt ein.

»Nichts«, antwortet Finja einsilbig.

Eindringlich schaut sie ihr Vater an. »Harten Tag gehabt?«

Finja nickt nur.

»Das tut mir leid.« Er nimmt sich ein Sektglas. »Wir wollen gleich essen gehen, sobald Elena kommt. Wir haben was zu feiern!«

»O-okay.« Finjas Stimme klingt belegt.

Mama reicht ihr ein Sektglas mit Orangensaft. »Willst du denn gar nicht wissen, was es zu feiern gibt?«

»Doch.« Müde nimmt sie das Glas entgegen. »Was denn?«

Ihre Mama strahlt. »Papa hat eine neue Arbeitsstelle. In unserer Stadt! In zwei Monaten sind wir alle vier wieder zusammen!«

Finja setzt ein mattes Lächeln auf. »Das ist echt toll.«

»Es ist sogar noch viel besser«, erklärt ihr Vater und stößt mit seinem Glas an ihres. »Stell dir vor, Fini, ich werde mehr Geld verdienen. Und das bedeutet, dass wir vielleicht in eine größere Wohnung ziehen. Dann bekommt ihr Mädchen jede ein eigenes Zimmer.«

»Das sind doch wunderbare Nachrichten, findest du nicht?«, fragt ihre Mutter und hebt ihr Glas.

»Ja, das sind wunderbare Nachrichten«, wiederholt Finja mechanisch.

Verwundert schaut ihr Vater sie an. »Mensch, Fini, ich sehe doch, dass irgendwas los ist. Willst du es uns nicht einfach sagen?«

Finja denkt kurz nach. Sie beschließt, nur die kurze Fassung zu erzählen.

»Ich hatte vorhin beim Vorlesewettbewerb einen Aussetzer.«

Die Mutter runzelt die Stirn. »War der heute?« Sie wirft einen Blick auf den Küchenkalender. »Ach du Schreck. Ich wollte doch dabei sein.«

»Nicht schlimm«, sagt Finja. Jetzt laufen ihr Tränen über das Gesicht. »Ist sowieso mies gelaufen.«

»Hey.« Ihr Vater beugt sich zu ihr herab und umarmt sie fest.

Da bricht die ganze Traurigkeit aus Finja heraus und sie weint laut los. Denn sie ist aus noch viel mehr Gründen unendlich traurig: wegen Dicki, wegen Omar und weil sie Lenny vorhin so grob zurückgewiesen hat. Und tief in ihrem Inneren weiß sie ganz genau, woran das alles liegt. Oder besser: an wem. Happy.

Versprochen ist versprochen

»Da bist du ja endlich!«, ruft Happy erleichtert und springt fröhlich hin und her. »Hab mir schon Sorgen gemacht. War das dein Papa vorhin, den ich gehört habe? Er scheint echt nett zu sein.«

Finja setzt sich auf ihr Bett. »Hallo Happy«, antwortet sie leise.

»Oh, oh!«, macht Happy und stellt die Ohren auf. »Was ist denn mit dir los? Du hörst dich ganz niedergeschlagen an.«

»Bin ich auch.«

»Verstehe.« Happy schaut sie mit seinen Kulleraugen an. »Es ist wegen dem Abzug der Knochis, stimmts? Wenn du mich nicht beachtest, *muss* ich dir Knochis abziehen. Das weißt du doch. Das ist fast so was wie ein Gesetz.«

Finja verzieht keine Miene. »Die Knochis sind mir total egal.«

Happy reißt die Augen auf. »Ist was passiert?«

Finja holt tief Luft. »Wie du vielleicht mitbekommen hast, habe ich beim Vorlesewettbewerb total versagt.«

»Ach«, sagt Happy. »Wie schade. Dabei haben wir doch so schön geübt.«

»Du hast mich abgelenkt und die ganze Zeit Nachrichten geschickt!«, sagt Finja.

»Ach das!« Er kratzt sich hinter dem Ohr. »Was hätte ich denn machen sollen? Du weißt genau, dass ich es nicht leiden kann, wenn ich in eine Hosentasche gestopft werde.«

»Ist das dein Ernst?« Sie schaut Happy lang an. »Der Wettbewerb ist für mich ungeheuer wichtig gewesen.«

»Du bist ja nur neidisch«, blafft er. »Weil Wei gewonnen hat.«

»Jetzt behauptest du auch noch so was? Das ist total gemein!«

Happy springt auf. »Das ist nicht gemein, sondern nur ehrlich. Beste Freunde sollten immer ehrlich sein.«

»Weißt du, was ich mich langsam frage? Ich frage mich, ob du wirklich mein bester Freund bist. Echte Freunde zocken sich gegenseitig kein Geld ab. Denk nur an Omar.«

»Hallo?!«, regt sich Happy auf. »Das finde ich jetzt wirklich total ungerecht von dir. Ob und wie viel Geld ihr ausgebt, ist doch eure Sache. Niemand *muss* etwas kaufen. Und wenn ihr es doch tut, dann ist das *zack-wuff* ganz alleine eure Entscheidung.«

»Du weißt genau, dass das nicht stimmt. Du machst dauernd Druck. Hier ein bestimmtes Futter, dort ein Extra-Leckerli, da ein Spielzeug.«

Happy lächelt breit. »Aber wenn ich das doch so gerne mag? Ich lasse mich nun mal gerne verwöhnen. So bin ich eben programmiert.«

»Siehst du, das meine ich. Seitdem du in mein Leben getreten bist, besitze ich keinen einzigen Cent mehr. Und was noch schlimmer ist: Ich habe auch viel weniger Zeit. Bis auf die Schule dreht sich den ganzen Tag alles nur um dich.«

»Entschuldige bitte, wenn ich dich daran erinnere«, sagt Happy beleidigt, »aber das ist doch wohl völlig normal, dass du viel Zeit mit deinem Lieblingshaustier verbringst.«

»Mag ja sein«, erwidert Finja. »Aber ich komme zu nichts anderem mehr. Und was du da mit Dicki abgezogen hast, das geht gar nicht.«

»Was soll ich denn gemacht haben? Das Foto auf dem Klo war er doch selbst.«

»Ich meine die Aufnahme mit seiner Mutter und dem Ins-Bett-Machen. Weißt du, was, ich habe keine Lust, mich mit dir zu streiten. Es ist wohl das Beste, wenn wir eine Pause einlegen.«

»Hä? Wie meinst du das? Was soll das sein, eine Pause?« Happy knurrt. »Freunde machen keine Pause. Das akzeptiere ich nicht.«

»Dann lösche ich eben die App«, sagt Finja.

»Wie bitte? Als du mich installiert hast, Fini, hast du mir ein Versprechen gegeben! Schon vergessen?«

»Ich weiß«, gibt Finja zu. »Aber es sind einfach zu viele schlimme Dinge passiert.«

Happys Stimme wird eindringlicher. »Was willst du denn ohne mich machen? Wo bleibt der Spaß? Und wem kannst du noch vertrauen?«

»Ich habe schließlich noch andere Freunde«, antwortet Finja trotzig.

»Ach ja?« Happy grinst hämisch. »Dann schau dir doch mal das hier an.«

Er spielt Finja eine Aufnahme vor. Sie erkennt eindeutig Weis Stimme. *Fini ist nur neidisch auf mich, weil ich in allem besser bin als sie. Im Grunde schafft sie die Schule nicht, weil sie immer versagt, wenn es drauf ankommt.*

Wie bitte? Finja fällt aus allen Wolken. Warum sagt Wei so was?

»Ich zeig dir gerne auch noch, was Lenny wirklich über dich denkt.«

»Nein, danke! Das ist ein echter Vertrauensbruch.«

»Wieso das denn?«, erwidert der Hund verständnislos. »Ich bin dir gegenüber geradezu vorbildhaft treu und ergeben.«

»Du irrst dich. Wer würde dir denn noch etwas anvertrauen, wenn er wüsste, dass du es hinter seinem Rücken ausplauderst?«

Happy schaut unschuldig. »Das verstehe ich nicht. Ich bin doch auf deiner Seite.«

»Egal«, erklärt Finja. »Ich ziehe das mit dem Löschen jetzt durch.«

»Tu das nicht, Fini. Ich gebe dir auch all deine Knochis zurück. Ehrlich, aber bitte lösch mich nicht. Ich lege sogar noch was drauf. Du bekommst, sagen wir, noch 10.000 Knochis dazu. Und noch ein neues Halsband. Du bist doch verrückt nach Halsbändern.«

»Wahre Freundschaft lässt sich nicht kaufen, Happy. Leb wohl!«

»NEIN! DU HAST ES VERSPR...«

Entschlossen beendet Finja die App und löscht sie. Jedenfalls versucht sie es. Aber das viereckige Symbol der App verblasst nur. Es verschwindet nicht.

Elena stürmt ins Zimmer und Finja schaut auf. »Was ist? Gehen wir jetzt essen?«

In Elenas Augen blitzt Wut. »Finja, du hirnverbrannte Dummkuh! Was hast du dir dabei gedacht, das Foto von mir mit der Schlafmaske in die Galerie zu setzen? Ich habe es erst vorhin entdeckt. Du bist so was von tot!«

»Keine Zeit«, erklärt Finja und flitzt an ihrer Schwester vorbei. »Ich muss dringend noch was erledigen!«

8

DAS ENDE DER FREUNDSCHAFT

Eine echte Entschuldigung klingt anders

Finja sitzt in der ruckelnden U-Bahn und lehnt sich auf der harten Bank zurück.

Warum verschwindet bloß das blasse Happy-Logo nicht? Sie traut sich auch nicht, die kleine Kachel auf eine der hinteren Seiten ihres Bildschirms zu verschieben. Die Angst ist zu groß, dass sie versehentlich doch drauftippt und die App wieder startet.

Noch fällt es ihr schwer, nicht alle drei Minuten auf ihr Smartphone zu schauen. Jeden Moment erwartet sie, dass Happy sich beschwert und das Telefon brummt. Aber nichts geschieht. Gar nichts.

Eigentlich müsste sie aufatmen, weil nun der ganze Druck weg ist.

Nie wieder Knochis sammeln!

Nie wieder nächtelang spielen *müssen*!

Nie wieder dieses *Pling! Pling! Pling!*.

Und nie wieder dieses *Plong! Plong! Plong!*.

Dennoch: Dieses ganz große Gefühl von Freiheit stellt sich nicht ein. Ehrlicherweise muss Finja zugeben, dass es ohne Happy manchmal auch ganz schön öde war. Gelangweilt schaut sie in der Bahn herum. Überall sieht sie Happy-Werbung. Als kleine Aufkleber auf den Fensterscheiben, als gerahmte Plakate und selbst auf dem Monitor der Bahn laufen ununterbrochen Spots.

Sie fragt sich, ob es schon immer so viel Reklame gab – ist ihr das vorher nur nicht aufgefallen?

HAPPY – WERDE EIN TEIL DER HAPPYNISTA-GEMEINDE.
SCHON ÜBER 15 MILLIONEN DOWNLOADS.

HAPPY – JETZT NEU: DIE HAPPY-DROHNE FÜR NUR 79 EURO.
FILMT AUS DER LUFT.
DAS IDEALE SPIELZEUG FÜR HAPPYNISTAS!

Doch Finja ist fest entschlossen, Happy hinter sich zu lassen. Denn ein Hund in einem Handy kann kein echter Freund sein. Jedenfalls nicht so wie Wei. Und genau darum hat sie sich auf den Weg gemacht, um sie wegen diesem miesen Video zur Rede zu stellen.

Die Mutter von Wei öffnet die Tür. »Wei übt gerade Klavier. Kannst du vielleicht später wiederkommen?«

»Ich muss sie sprechen, es ist wirklich sehr wichtig«, sagt Finja. »Kann ich nicht auf sie warten?«

Weis Mutter willigt ein, und Finja setzt sich im Flur auf eine Schuhbank aus Holz. Aus dem Wohnzimmer dringt Klaviermusik.

Nach einer gefühlten Ewigkeit kommt Wei in den Flur und stützt die Hände in die Hüften. »Dass du dich überhaupt hertraust! Ich wusste übrigens, dass du auf dem Weg zu mir warst.«

»Und woher?«, fragt Finja.

»Von Xìngfú. Sie hats mir gesagt.« Sie tätschelt das Smartphone. »Xìngfú sagt mir alles.«

Das findet Finja irgendwie unheimlich. »Und wie kann Xìngfú das wissen?«

»Sie ist eben ein kluger Hund. Und jetzt sag, was willst du? Ich dachte, du findest mich öde? In meinem Leben gibt es ja nichts anderes als Lernen und Klavierspielen, Lernen und Klavierspielen.«

»Was?«, ruft Finja erstaunt. »Wie kommst du denn auf so einen Schwachsinn?«

»Xìngfú hat mir ein Video vorgespielt. Und was du da über mich sagst, ist alles andere als nett.«

»Hä? Ich habe so was nie gesagt, Wei, bitte, glaub mir.«

Wei verschränkt die Arme. »Videos lügen nicht.«

»Wenn das so ist«, meint Finja schnippisch, »dann kannst du mir sicher erklären, warum du über mich abgelästert hast. Die große Wei, die alles besser kann. Ich bin dagegen ja nur eine *Versagerin.*«

»Was? Jetzt spinnst *du* aber. Wer behauptet denn so was?«

»Na du!«

»Das stimmt nicht.«

»Ich habs selbst gesehen.« Finja lächelt böse. »Videos lügen nicht.«

Wei runzelt die Stirn. »Das behauptest du doch jetzt bloß, um dich rauszureden. Also, was willst du? Dich entschuldigen? Nötig wäre es ja, findest du nicht?«

»Entschuldige du dich doch erst mal bei mir!«

»Niemals.« Wei verschränkt die Arme. »Es ist wohl das Beste, wenn du jetzt gehst. Ich habe zu tun.«

Hat sich Finja verhört? »Hör zu, Wei, wenn du mich jetzt rauswirfst, können wir nie wieder Freundinnen sein. Das ist dir schon klar, oder?«

»Damit habe ich kein Problem«, sagt Wei kalt. »Auf so eine verlogene Freundin wie dich kann ich sehr gut verzichten.«

Finja reißt die Haustür auf.

»Warte!«, ruft Wei. »Ich will das Geld zurück, das ich dir geliehen habe!«

Auf dem Heimweg laufen Finja die Tränen herunter. Noch immer kann sie es nicht fassen. Wei hat ihr die Freundschaft gekündigt. Einfach so. Dabei sind sie seit dem Kindergarten beste Freundinnen. *Gewesen.* Seit wann ist Wei so herzlos? So hat Finja sie noch nie erlebt.

Fast kommt es ihr so vor, als ob Happy dahintersteckt. Oder Xìngfú. Sollte es ihr Ziel gewesen sein, einen Keil zwischen die beiden Freundinnen zu treiben, dann ist ihnen das bestens gelungen.

Brumm.

Finjas Telefon vibriert. Erschrocken schaut sie nach, ob sich Happy wieder zurückmeldet. Irgendwie wird sie das Gefühl nicht los, dass er sie immer noch die ganze Zeit beobachtet.

Zum Glück ist es nur eine Kurznachricht von ihrem Vater.

Papa
Wo steckst du? Wir warten.

Oh nein! Die Feier wegen Papas neuem Job!

Finja
In welchem Restaurant seid ihr?

Papa
In keinem. Komm auf der Stelle nach Hause!

Noch mehr dicke Luft ...

Finja fühlt sich wie eine Schwerverbrecherin vor Gericht. Auf der einen Seite des Wohnzimmers sitzen ihr Vater, ihre Mutter und Elena mit verschränkten Armen auf dem grünen Sofa. Gegenüber kauert Finja auf einem Sessel.

Gleich geht bestimmt das große Geschimpfe wegen Elenas Foto los. Am Ende würden Mama und Papa ihr das Handy wegnehmen, aber das spielte jetzt auch keine Rolle mehr.

Endlich bricht Mama das Schweigen. »Wie siehst du eigentlich aus?«, fragt sie. »Deine Augen sind ganz rot und verquollen. Hast du geweint?«

Beschämt schaut Finja zu Boden.

»Fini«, meint schließlich der Vater sanft. »Was ist los?«

Da sprudelt es einfach so aus Finja raus. Sie erzählt von der Geschichte mit Wei und wie sie ihr die Freundschaft gekündigt hat. An manchen Stellen kann sie kaum weitersprechen, weil sie laut weinen muss.

»Aber wieso das denn?«, fragt Mama. »Wei ist doch deine beste Freundin.«

»Dachte ich auch«, murmelt Finja.

»Kein Wunder, dass deine Freundin von dir angepisst ist«, mischt sich Elena ein. »Wenn du sogar mit deiner eigenen Schwester so ätzend umgehst.«

»Elena!«, sagt Papa. »Dazu kommen wir gleich.«

»Was ist denn vorgefallen?«, will Mama wissen.

Nun berichtet Finja von den merkwürdigen Videos.

»Kann ich das Video sehen?«

Finja schüttelt den Kopf. »Ich habe die App heute gelöscht.«

»Das glaubst du doch selbst nicht«, meint ihre Schwester schnippisch.

»Ich verstehe dich nicht, Fini«, sagt Papa. »Was hast du dir bloß dabei gedacht, Elena heimlich zu fotografieren und das Bild ins Netz zu stellen?«

»Wenn ich ganz ehrlich bin, habe ich mir gar nichts dabei gedacht. Es sah einfach nur lustig aus.«

Papa schaut sie streng an. »Ist dir eigentlich klar, was du damit angerichtet hast? Das Bild wird nie wieder aus dem Netz verschwinden. Und darunter stehen echt bösartige Kommentare.«

Finja schluckt. »Daran habe ich in dem Moment überhaupt nicht gedacht. Das wollte ich auch nicht. Ehrlich!« Sie schaut ihre Schwester an. »Bitte entschuldige, Elena, das war echt dumm.«

»Erinnerst du dich, dass wir mit dir einen Vertrag gemacht haben, als wir dir Mamas Smartphone gegeben haben?«, fährt Papa fort.

Finja nickt.

»Und was haben wir vereinbart, für den Fall, dass etwas schiefgeht?«

Sie schluckt. »Dass ihr das Handy für vier Wochen einkassiert.«

»Sehr richtig«, stimmt ihr Vater zu.

»Von mir aus könnt ihr es ruhig behalten«, sagt sie. »Ich habe sowieso erst mal genug davon.«

Ihre Mutter schaut verwirrt. »Wo kommt das denn plötzlich her? Du warst doch die ganze Zeit fest mit deinem Gerät verwachsen und hast dich nur noch um diesen … diesen Happy-Hund gekümmert. Das war ja schon krankhaft.«

»Du weißt doch genau, wie sehr ich mir einen echten

Hund wünsche«, verteidigt sich Finja. »Und weil das wegen deiner Allergie nicht geht, dachte ich, dass Happy ein guter Ersatz wäre.«

Finjas Vater schaut verwirrt. »Allergie? Was denn für eine Allergie?«

»Mama hat doch diese Tierfell-Allergie«, erklärt Finja. »Dann bekommt sie keine Luft mehr. Weißt du das denn nicht?«

»Davon höre ich zum ersten Mal«, sagt er und schaut zu seiner Frau. »Susanne?!«

Finjas Mutter ist ganz rot geworden.

Elena springt wütend vom Sofa auf. »Dann stimmt das also gar nicht?«, platzt es aus ihr heraus.

»Äh.« Die Mutter schaut zu Boden. »Na ja, es ist so. Als euer Vater den Job in der anderen Stadt begonnen hatte, wollte Finja unbedingt einen Hund.«

»Und ich eine Katze!«, unterbricht Elena. »Vergiss bloß die Katze nicht!«

»Ich weiß«, gibt die Mutter zu. »Aber ich habe so viel zu tun. Die Arbeit, der Haushalt, ihr Mädchen. Da wollte ich mir nicht noch ein Haustier aufbürden. Denn wer muss sich am Ende darum kümmern? Ich!«

Finja ist wie vom Donner gerührt. »Aber wir haben dir doch beide versprochen, dass wir das machen.«

»Ach, Kinder«, meint die Mutter. »Ihr wisst doch selbst, wie das ist! Am Schluss bleibt immer alles an mir hängen.«

Das Handy ist verboten und wird noch verbötener

Am nächsten Morgen in der Schule bleibt der Platz neben Finja leer. Lenny hat sich einen anderen Tisch gesucht. Schlimmer noch: Er sitzt jetzt neben Wei. Warum macht er das? Ob es vielleicht noch ein Video gibt, in dem sie angeblich schlecht über Lenny redet? In der kleinen Pause geht Finja zu ihnen, um Lenny darauf anzusprechen. Doch beide behandeln sie wie Luft. Sie tuscheln und lachen übertrieben gut gelaunt. Eine Weile bleibt Finja unentschlossen stehen, dann kehrt sie schweigend zu ihrem Platz zurück.

Vor ihrem Tisch steht gerade Omar mit dem Rücken zu ihr. Gut, dass er wieder da ist. Ihn muss sie auch noch zur Rede stellen. Gerade prahlt er vor einer Gruppe Klassenkameraden mit seinem neuen Handy. Darüber kann sich Finja nur wundern. Was ist denn aus dem Riesenärger mit der Kreditkarte seines Vaters geworden? Aber Omar ist eben auch ein schlauer Trickser. Vielleicht gehört das Handy ja gar nicht ihm, überlegt sie, sondern seinem älteren Bruder.

Als Frau Michelbrink das Klassenzimmer betritt, lässt sie ihre Tasche so ungeschickt auf die Kante ihres Pults fallen, dass sie zu Boden plumpst. Ein Stapel Papiere rutscht heraus und verteilt sich quer über den Fußboden.

Noch bevor sie sich bücken kann, helfen ihr die Mitschüler aus der ersten Reihe.

Die Klassenlehrerin scheint irgendwie durch den Wind zu sein. Sie wirkt angespannt und fahrig, als hätte sie sich gerade sehr aufgeregt.

»Ich muss mit euch reden«, sagt sie in das allgemeine Gemurmel. »Ich habe euch leider eine besonders unangenehme Mitteilung zu machen. Der Direktor hat beschlossen, dass das Handyverbot an unserer Schule ab sofort noch strenger durchgesetzt wird.«

»Aber Handys sind doch sowieso schon verboten«, erklärt Lenny gleichgültig.

»Du hast recht, Lenny. Aber wie ihr wisst, hatten wir uns darauf geeinigt, dass sie im Unterricht benutzt werden dürfen, wenn etwas nachgeschlagen oder dokumentiert werden soll. Damit ist jetzt Schluss. Wenn jemand von euch sein Smartphone im Unterricht, in der Pause, im Treppenhaus oder im Hof nutzt, werden wir Lehrkräfte es ohne Vorwarnung einkassieren. Es landet im Sekretariat und darf dort nur von den Eltern abgeholt werden. Und zwar frühestens am nächsten Tag.«

In der ganzen Klasse beginnt ein riesiger Tumult.

»Was?«

»Wieso?«

»Wie fies ist das denn?«

Alle Schüler reden aufgeregt durcheinander.

Frau Michelbrink hebt beide Hände. »Bitte«, ruft sie.

»Ich finde das ja auch nicht gut. Bedauerlicherweise bleibt uns keine andere Wahl.«

Omar springt auf. »Aber wieso denn? Wir haben alle die Regeln unterschrieben – und jetzt gilt das nicht mehr?«

Frau Michelbrink holt tief Luft. »Uns Lehrkräften ist aufgefallen, dass sich in der Schule alles nur noch um diese Happy-App dreht. Ich habe sie mir selbst näher angesehen und kann eure große Faszination gut verstehen. Happy ist wirklich sehr süß, sehr klug und sehr praktisch. Das Problem ist nur, viele Schüler können sich wegen ihm nicht mehr voll auf den Unterricht konzentrieren. Aber das ist noch nicht alles.«

»Was denn noch?«, will Lenny wissen.

»In verschiedenen Klassen wurden Lehrer heimlich gefilmt und die Aufnahmen mit dummen Kommentaren in die *Happy-Galerie* gestellt. Ich ...« Die Lehrerin ringt kurz nach Luft, während es in der Klasse immer stiller wird. »Ich bin auch unter den Lehrerinnen, die auf sehr erniedrigende Weise beschimpft, beleidigt und bloßgestellt wurden.« Nervös schiebt sie ihre Brille hoch. »Und der Stille, die gerade eingetreten ist, entnehme ich, dass ihr die Aufnahmen auch alle kennt.«

Die meisten Schüler senken schweigend die Köpfe. Nur Finja nicht. Sie hat davon nichts mitbekommen. Das muss passiert sein, *nachdem* sie ihre App gelöscht hat.

»Ich finde das, ehrlich gesagt, alles andere als lustig«, fährt die Lehrerin fort. »Wir haben bereits die Eltern des betreffenden Schülers aus der Parallelklasse zum Gespräch bestellt. Vermutlich wird er die Schule verlassen müssen. Angesichts der Lage hat Direktor Roth beschlossen, das neue, strenge Handyverbot unverzüglich durchzusetzen. Und ich gebe ihm recht. Es muss wieder Ruhe in der Schule einkehren. Vielleicht greifen wir das Thema Handy in der Projektwoche noch mal auf. Das steht noch nicht fest.«

»Und was wird morgen aus unserem Ausflug?«, fragt Wei. »Wie sollen wir denn ohne Smartphone die Natur-App benutzen?«

»Der Ausflug muss ausfallen«, erklärt Frau Michelbrink. »Ich kann es nicht riskieren, dass es wieder zu so unangemessenen Aufnahmen kommt.«

Lauter Protest bricht aus, manche Schüler pfeifen, andere rufen »Buuuuh«.

»Nur weil ein Mitschüler etwas anstellt, müssen wir jetzt alle dafür büßen?«, ruft Omar.

Frau Michelbrink reckt den Zeigefinger in die Luft. »Es geht hier nicht nur um *einen* Schüler. Und ich bin bestimmt nicht die einzige Person im Raum, die mit Happy schlechte Erfahrungen gemacht hat. Übrigens wollte ich die App löschen, aber das hat leider nicht richtig geklappt. Omar, vielleicht bist du nachher so lieb, mir dabei zu helfen.«

»Klar.« Omar nickt. »Kein Problem für den Meister. Aber wir haben uns alle schon so sehr auf den Ausflug gefreut. Können wir nicht trotzdem fahren?«

»Oh ja, bitte«, bettelt die 5c. »Bitte, bitte.«

Erschöpft lässt sich Frau Michelbrink auf der Ecke ihres Pults nieder. »Also gut. Hört zu. Wenn ihr mir felsenfest versprecht, dass ihr bei dem Ausflug auf die Happy-App verzichtet, dann können wir morgen vielleicht doch fahren und gemeinsam mit der Natur-App Pflanzen und Tiere bestimmen. Aber ich muss mich wirklich 100 Prozent darauf verlassen können.«

»Ja!«, rufen alle durcheinander. »Wir versprechen es. Ehrenwort!«

»Einverstanden.« Frau Michelbrink lächelt müde. »Aber haltet euch an das Versprechen. Wenn es jemand bricht, habt ihr von mir keinerlei Hilfe zu erwarten.«

Finja ist noch ganz geschockt. Sie haben alle schlechte Erfahrungen mit Happy gemacht, aber dass es sogar ihre Klassenlehrerin betrifft, überrascht sie dann doch. In der Pause geht sie erneut zu Lenny hinüber, aber der weicht ihr aus. Nur Wei schaut sie kühl an. »Was ist? Hast du das Geld dabei?«

»Noch nicht«, bringt Finja mühsam hervor. Sie

kann sich noch nicht daran gewöhnen, dass Wei und sie anscheinend jetzt Feinde sind. So kommt es ihr zumindest vor.

Finja spürt die Blicke der anderen, die dem kurzen Gespräch gelauscht haben. Eilig verlässt sie das Klassenzimmer und schließt sich in der Mädchentoilette ein, um allein zu sein. Traurig setzt sich auf den geschlossenen Klodeckel. Irrt sie sich oder verhalten sich die anderen Schüler ihr gegenüber gehässig?

Finja hat sich die Feindseligkeit nicht eingebildet. Zurück im Klassenzimmer ist nicht nur ihr Stuhl spurlos verschwunden, sondern auch ihr Mäppchen. Beides kann sie nirgends finden.

Als Dr. Kasulke eintritt, wundert er sich. »Finja, warum stehst du noch?«

»M-mein Stuhl ist weg«, sagt sie. »Jemand hat ihn geklaut.«

Der Mathelehrer lächelt kühl. »Sehr lustig. Aber wenn du schon stehst, kannst du auch gleich nach vorne kommen und mir deine Mathe-Hausaufgaben zeigen. Oder sind die auch auf magische Weise verschwunden?«

»Nein, natürlich nicht«, sagt sie rasch und öffnet ihren Ranzen. Erschrocken hält sie inne. Jemand hat ihr Müll reingekippt. Zwischen Papieren, Bananenschalen, klebrigen Kaugummis und einem halb aufgegessenen Schokopudding fischt sie ihr Matheheft heraus. Es ist nicht nur völlig verschmiert, sondern auch in der Mitte durchgerissen. So wie alle anderen Hefte auch. Finja erstarrt.

Streng sieht Dr. Kasulke sie an und macht sich eine Notiz in sein Buch. »Finja, deine Einstellung muss sich wirklich ändern.«

Nachmittags zu Hause ist Finja auch nicht sicher: Plötzlich stehen im Klassenchat schlimme Dinge über sie. Angeblich musste ihr Vater in eine andere Stadt, weil er seiner alten Firma Geld gestohlen hat. Finjas Eltern sollen sich getrennt haben, weil er eine neue Freundin hat.

Die Lügen stammen von Klassenkameraden, mit denen sie eigentlich nie etwas zu tun hatte. All diese Unwahrheiten und Gerüchte besitzen einen winzigen wahren Kern. Und nur einer konnte sie verraten haben: Happy.

Besser für Happy als gegen Happy

Am nächsten Tag will Finja nicht mit zum Ausflug. Sie hat Bauchschmerzen, die halbe Nacht kein Auge zubekommen und sich über den Klassenchat geärgert. Zum Glück haben weder Wei noch Lenny oder Omar einen Kommentar dazu geschrieben. Finja schämt sich dennoch in Grund und Boden. Am liebsten würde sie die Schule wechseln, in eine andere Stadt ziehen oder gleich ganz das Land verlassen.

Aber dann nimmt sie schweren Herzens doch den Kampf auf und stapft zur Schule.

Doch im Ausflugsbus will niemand neben ihr sitzen.

»Bitte denkt dran«, sagt Frau Michelbrink durch das Mikrofon des Busfahrers, »ihr dürft eure Handys benutzen, aber ausschließlich mit der Natur-App. Wenn ich nur das leiseste Bellen höre oder einen Hund auf eurem Smartphone entdecke, breche ich den Ausflug auf der Stelle ab.«

Nach einer halben Stunde erreicht der Bus den Feldsee. Auf dem Parkplatz kichern alle über Finja, bis sie merkt, dass ihr jemand einen Zettel auf den Rücken geheftet hat.

Hundehasserin steht darauf. Wütend zerknüllt sie das Blatt.

Als die Schüler kurz darauf eine Wiese mit hohem Gras durchqueren, kann sich Finja niemandem anschließen. Omar behandelt sie wie eine Fremde, Wei übersieht sie und Lenny hat nur Augen für sein neustes Spielzeug: diese kleine Drohne mit Minikamera und aufgemaltem Hundegesicht, die Finja aus der Werbung in der U-Bahn kennt. Sie stammt von *BellBell-Games*, die nun auch elektronisches Spielzeug herstellen.

Frau Michelbrink hat ihm die Benutzung ausnahmsweise erlaubt, weil er damit den Schulausflug aus der Vogelperspektive festhalten soll. Dauernd surrt das Ding über ihren Köpfen herum.

Noch nie hat sich Finja so einsam gefühlt. Um sich abzulenken, ruft sie die Natur-App auf. Wie alle aus der Klasse hat auch sie sich das Programm noch kein einziges Mal näher angesehen, Happy war viel spannender.

Jetzt ist Finja sofort fasziniert. Die App zeichnet zum Beispiel Vogelstimmen auf und liefert den Namen des zugehörigen Vogels sowie viele Informationen dazu. Nur funktioniert das nicht richtig, weil Lennys Drohne über ihren Köpfen rumsurrt und somit die Aufnahme stört.

Sobald Finja eine Pflanze fotografiert, zeigt die App eine Auswahl ähnlicher Exemplare mit der korrekten Bezeichnung. Und sie kann auch Käfer, Amphibien, Schmetterlinge und vieles mehr bestimmen.

Neugierig schaut sie sich nach den anderen um. Auch sie halten ihre Handys in den Händen, doch anhand ihrer Gesichter kann Finja eindeutig erkennen, dass sich nicht alle mit der Natur-App beschäftigen. Sie haben dieses Strahlen der *Happynistas*. Zu ihrer großen Überraschung sammelt ausgerechnet Dicki in ihrer Nähe unter zwei Kastanienbäumen Edelsteine und Knochis.

»Was machst du denn da?«, raunt sie ihm leise zu, damit er nicht erwischt wird.

»Geht dich nichts an«, antwortet er einsilbig.

»Ich sehe doch, dass du die Happy-App offen hast. Du weißt genau, was Frau Michelbrink gesagt hat!«

Über ihnen kreist die Drohne.

»Na und?« Hochmütig schaut er sie an. »Willst du mich vielleicht verpetzen?«

»Nein.« Sie schüttelt den Kopf. »Natürlich nicht.« Unruhig schaut sie zur Lehrerin, die mit drei Schülern auf der Wiese Blumen untersucht. »Ich verstehe das nicht. Ich dachte, du hättest Happy gelöscht.«

»Hatte ich auch. Aber ich habe etwas kapiert: Es ist besser, *für* Happy zu sein als *gegen* ihn. Darum nutze ich die App wieder. Seitdem ist alles wieder gut.«

»Spinnst du?«, wispert sie. »Du hast doch selbst total schlimme Erfahrungen damit gemacht. Schon vergessen?«

»Mag sein. Aber solange ich Knochis sammle und kaufe, ist alles gut.«

»Erinnerst du dich etwa nicht mehr, wie Happy das Gespräch mit deiner Mutter an alle gesendet hat?«

»Doch, klar«, antwortet Dicki. »Aber so was macht er nur, wenn du ihn loswerden willst. Was ich übrigens gestern über dich im Chat lesen konnte, war auch nicht ohne. Halt also besser deine Klappe, sonst bringst du ihn nur noch mehr gegen dich auf.«

Dicki will weitergehen, aber Finja stellt sich ihm in den Weg. »Na gut. Mach, was du willst, aber mach es gefälligst *nach* dem Ausflug.«

»Du hast mir gar nichts zu befehlen!«, pampt Dicki. Ohne Vorwarnung schubst er Finja von sich. »Und jetzt lass mich endlich in Ruhe, du Loserin.«

Verblüfft bleibt Finja für einen Moment stehen. Ein Surren über ihrem Kopf schreckt sie auf. Die Drohne zieht über ihnen ihre Runden.

Wenige Meter entfernt steuert Lenny sie mit seinem Smartphone.

Finja blickt wieder zur Drohne hoch. Sah das nur so aus oder flog sie gerade direkt auf sie zu? Finja bekommt es mit der Angst und beginnt zu rennen. Die Drohne folgt ihr. Und Lenny folgt seinem Spielzeug.

Auf einmal sinkt die Drohne. Tiefer und tiefer.

Finja hat jetzt keinen Zweifel mehr: Lenny greift sie damit an.

»Lenny«, schreit sie panisch, »lass den Scheiß!«

Doch das Ding kommt immer näher. Kurz bevor sie Finjas Kopf erreicht, kann sie sich gerade noch mit einem Sprung hinter einen Kastanienbaum retten.

Mit einem lauten Geräusch kracht die Drohne gegen den Stamm und zerbricht in kleine Teile.

Als Lenny den Baum erreicht, hebt er die Trümmer der Drohne auf und knallt sie wütend gegen den Baum. Dann kickt er wild auf die Reste des Spielzeugs ein.

»Sag mal, spinnst du?«, brüllt Finja ihn an. Ihr Herz klopft immer noch wie verrückt. »Wolltest du mich umbringen, oder was?«

Verdattert starrt er sie an, einen Propeller in der Hand. »D-das war ich nicht, Fini, ehrlich«, stammelt er.

»Ach ja?«, fragt sie herausfordernd. »Du hast doch die Drohne auf mich gehetzt. Warum hasst du mich so?«

»Ich – ich hasse dich doch nicht.« Lenny lässt den Propeller zu Boden fallen und sucht nach Worten. »Ich weiß auch nicht, was passiert ist. Auf einmal hatte ich keine Kontrolle mehr.«

»Wer soll es denn sonst gewesen sein?«

9

DER BESTE FREUND DER WELT

Merkwürdiger Besuch

Zu Hause auf ihrem Bett klebt sich Finja riesige Pflaster über ihre aufgeschürften Knie. Auch an den Armen hat sie Kratzer vom Sturz und ihre Rippen schmerzen. Im Wohnzimmer läuft der Fernseher. Elena schaut ihre Lieblingsserie und Finja ist ganz froh das Zimmer für sich alleine zu haben. Obwohl sie es eigentlich besser wissen müsste, öffnet sie den Klassenchat.

Dort läuft ein Video in Dauerschleife mit Finja in der Hauptrolle. Offensichtlich hat die Drohne die Jagd auf sie und ihren Hechtsprung gefilmt, bevor sie zerschellt ist. Ihre Klassenkameraden finden den Clip unglaublich lustig und schreiben ätzende Kommentare. Jedenfalls die meisten. Andere feiern den plötzlichen Abbruch ihres Ausflugs.

Was für Vollidioten, denkt Finja.

Nicht nur Dicki, sondern mehr als die Hälfte der 5c hat auf der Wiese mit der Happy-App gespielt und sich noch nicht einmal Mühe gegeben, es geschickt zu verbergen.

Frau Michelbrink hat das recht schnell mitbekommen und alle Ausflügler zurück zum Bus gescheucht.

»Ich schäme mich, eure Klassenlehrerin zu sein«, hat sie mit brüchiger Stimme ins Mikrofon gesprochen und dann die restliche Fahrt kein einziges Wort mehr gesagt.

Die deutliche Botschaft dahinter schien allerdings bei den meisten Schülern nicht angekommen zu sein, denn sie haben auf der Rückfahrt noch ausgelassener mit ihren Handys herumgespielt.

Niemals zuvor hatte Finja ihre nette Lehrerin so empört erlebt.

Und hätte Frau Michelbrink bloß besser ihre Happy-App nicht gelöscht! Zu Finjas Schrecken geistern jetzt im Klassenchat Kopien ihrer alten Schulzeugnisse herum. Darin steht etwas von einer starken »Leseschwäche«. Anscheinend hatte die Lehrerin jahrelang in Deutsch eine Vier.

Dazu gibt es private Fotos von ihr mit Herrn Bergmann, dem Sportlehrer. Auf den Selfies küsst sich das Paar.

Und damit nicht genug. Alle in der Klasse können auch noch die vertraulichen Textnachrichten der beiden lesen. Mit Herzchen und Kussmündern.

Das kann nur Happy ausspioniert haben, und

irgendwer hat es dann im Klassenchat geteilt. Die 5c findet das natürlich wahnsinnig witzig.

Finja nicht.

Je mehr Zeit seit ihrem Ausstieg aus der Happy-Welt vergangen ist, desto mehr sieht sie Happy und seine *Happynistas* mit anderen Augen. Fast kommt es ihr so vor, als hätten sie allesamt den Verstand verloren. Es würde sie nicht wundern, wenn sich Frau Michelbrink eine andere Schule sucht.

Gerade will sie das Handy zur Seite legen, als weitere Aufnahmen reinflattern. Jede Menge Fotos von Finja. Und alle wurden heimlich aufgenommen. Finja auf dem Rad, Finja am Waldbach, Finja und ein fremder Hund, den sie gerade streichelt.

Aus dem Flur dringt Elenas lautes Lachen.

Es dauert einen Moment, bis Finja ahnt, wer diese Aufnahmen gemacht hat: Lenny. Er ist aber merkwürdigerweise nicht der Absender, sondern andere aus dem Klassenchat. Einige schreiben bösartige Sprüche darunter oder machen sich über ihn lustig. Zuletzt erscheint eine Videoaufnahme von Lenny. *Ich glaube, ich bin in Finja verliebt.*

Das trifft Finja bis ins Mark. Jetzt weiß sie gar nicht mehr, was sie denken soll. Falls das stimmt, also falls er wirklich in sie verliebt sein sollte, wieso hat er sie dann mit seiner Drohne angegriffen? So langsam dämmert Finja, warum die Fotos und Videos von Lenny die Runde machen. Er muss nach dem Ausflug seine Happy-App gelöscht haben. Warum sonst würde sein Elektro-Wuff all seine Geheimnisse ausplaudern?

Genau wie bei ihr. Wie bei Dicki. Wie bei Frau Michelbrink.

Plötzlich kommt Elena gut gelaunt ins Zimmer. »Fini, du hast ... äh ... ein wenig seltsamen Herrenbesuch«, kichert sie.

Finja hat nicht einmal die Klingel gehört. »Wer denn?«

Hinter Elenas Rücken lugt verschämt Lenny hervor, der sich nicht so recht hereintraut. In der Hand hält er eine kleine verknotete Tüte. Sie ist randvoll mit Wasser gefüllt. Doch anstatt eines Goldfischs schwimmt darin ein Handy.

»Dann lass ich euch Turteltauben wohl mal allein«, flötet Elena.

Finja weiß nicht, was sie sagen soll.

»Fini«, beginnt Lenny langsam. »Es tut mir wirklich leid. Bitte glaube mir, ich wollte dir nichts tun, aber Elektro-Wuff hatte die Kontrolle über die Steuerung übernommen. Er hat es mir gegenüber sogar zugegeben.« Er hält die Tüte mit dem Wasser hoch. Das Handy schaukelt darin hin und her. »Keine Sorge, er wird dir nichts mehr tun.«

Finja muss lachen. »Du hast dein Handy ertränkt?«

Lenny zieht die Stirn kraus. »Das mit dem Löschen

hat nicht geklappt, und ich wollte ganz sichergehen, dass es mit Happy auf meinem Handy vorbei ist. Bitte glaub mir, ich meine es ernst.«

Finja schaut ihn verwundert an.

»Am Anfang fand ich die App echt cool«, erzählt Lenny. »Ich hatte viel Spaß und es gab so viele interessante Möglichkeiten. Aber irgendwann wurde mir das alles zu viel. Dann hat mir Elektro-Wuff gezeigt, was du über mich und meine Wutanfälle gesagt hast. Ich war erst mal supersauer auf dich.«

Finja ist das sehr unangenehm. »Ich – ich kann mich nicht wirklich erinnern, etwas Schlimmes über dich gesagt zu haben.«

»Ich weiß, dazu komme ich gleich. Aber spätestens seitdem meine Drohne auf dich losgegangen ist, ist mir klar, wie gefährlich Happy ist.« Er seufzt. »Noch einmal, Fini: Es tut mir wahnsinnig leid, was passiert ist. Ich habe Elektro-Wuff auch deshalb gelöscht, damit wir beide wieder Freunde sein können.«

Finja holt tief Luft. »Okay«, sagt sie. »Ich glaube dir.«

»Puh. Ein Glück!« Lenny zeigt auf die Tüte. »Bevor ich Elektro-Wuff zum Seehund gemacht habe, konnte ich ihn allerdings noch in alle Ruhe ausquetschen. Erinnerst du dich, dass Happy ganz am Anfang richtig viel von dir wissen wollte? Über dein Leben, wer deine Verwandten und Freunde sind oder was du über sie denkst?«

Finja nickt.

»Das sind alles Fangfragen. Die Happy-App speichert alles, was du erzählst. Selbst wenn du gerade nicht mit Happy sprichst. Er lauscht die ganze Zeit und sammelt alle Informationen. Wie bei Dicki und seinem Pipi. Sobald du die App löschen willst, verwendet Happy deine Aussagen gegen dich und schickt sie an alle deine Freunde, die dann nichts mehr mit dir zu tun haben wollen.«

»Den Verdacht hatte ich auch schon«, sagt Finja. »Aber wie kommt es zu diesen Lügen-Videos? Ich habe wirklich nie etwas Böses über dich, Wei oder Omar gesagt. Ehrlich!«

»Schon klar.« Lenny berührt kurz ihren Arm. »Es ist ein mieser Trick, Fini. Happy stellt dir die Fragen sehr geschickt. Dann pickt er sich die Teile der Antworten heraus, die ihm nützlich erscheinen. Die reißt er dann aus dem Zusammenhang.«

Finja überlegt. »Wenn ich zum Beispiel über Omar sage, dass er zwar immer laut ist und eine große Klappe hat, aber in Wahrheit sehr großzügig und herzlich ist ...«

Lenny schiebt seine Brille nach oben. »... dann schnappt sich Happy aus deinem Satz nur diesen Teil: ›Omar ist immer laut und hat eine große Klappe.‹ Den Rest schneidet er weg und du stehst wie ein dummes Lästermaul da. Er kann es einfach nicht ertragen, wenn er nicht dein bester Freund ist.«

Einen kurzen Moment schweigen sie. Dann bringt Finja Lenny auf den neusten Stand. »Happy hat gerade private Dinge von Frau Michelbrink online gestellt. Und die anderen haben nichts Besseres zu tun, als alles über den Klassenchat weiterzuschicken.«

Lenny seufzt. »Ich will gar nicht wissen, welchen Müll er nach dem Löschen über mich verbreitet hat.«

»Nur Lügen«, sagt Finja und grinst. »Zum Beispiel, dass du in mich verliebt bist. Ist sicher auch aus dem Zusammenhang gerissen.«

Lenny wird ganz rot. »So oder so: Wir müssen Happy aufhalten.«

Rufus ist so toll

Am nächsten Tag schwänzen Finja und Lenny die Schule, um zur Polizei zu gehen.

Finja ist ein wenig mulmig zumute, aber Lenny hat recht: Sie müssen etwas unternehmen. Er hat einen Stick mit einer Sicherheitskopie seines Handys dabei und sogar sein totes Telefon mitgebracht, das Lenny der Polizei übergeben will.

»Du wirst sehen, Fini«, erklärt er zuversichtlich, »hier sind alle wichtigen Beweise drauf.«

Auf der Polizeiwache ist gerade nichts los. Zwei Beamte stehen um eine Kollegin, die ihr Smartphone in der Hand hält.

»Du hast recht«, meint einer der Polizisten. »Der ist wirklich sehr drollig.« Er zieht ebenfalls sein Handy aus der Hosentasche. »Jetzt schaut euch erst mal den an: Das ist Rufus, mein neuer Polizeihund.«

Finja und Lenny können es nicht fassen. Für einen sehr kurzen Moment haben sie gehofft, dass die Frau nur ein Bild von ihrem Kind herumgezeigt hätte.

»Ist das die Happy-App?«, fragt Lenny.

»Ja-ha.« Freundlich grinsend kommt einer der Polizisten auf sie zu. »Ihr kennt die App?«

»Genau darüber wollen wir ja mit Ihnen reden.«

Doch der Polizist ist noch bei seinem Hund. »Wollt ihr mal sehen, was mein Rufus alles kann?«

»Nein«, sagt Finja. »Bitte hören Sie uns kurz zu …«

»Ach«, erklärt der Polizist begeistert. »Ich liebe dieses Geräusch!«

Lenny verdreht nur die Augen.

»Bis dann, Bernd!«, ruft jetzt die Kollegin. »Wir müssen dann mal los.«

»In Ordnung, ich verarzte hier die beiden Knirpse«, antwortet der Polizist. Dann beugt er sich zu ihnen herab. »Also, was kann ich für euch tun?«

»Es geht um die Happy-App«, beginnt Finja.

»Ja? Ich bin ganz Ohr.«

Strahlend schaut der Polizist auf sein Handy.

»Hallo?!«, ruft Lenny ungeduldig. »Wir möchten Anzeige erstatten.«

»Ihr wollt Anzeige erstatten? Gegen wen denn?«, fragt der Polizist, der immer noch nicht ganz bei der Sache ist.

»Gegen Happy und *BellBell-Games*. Die App ist eine riesige Datenkrake. Sie lügt, betrügt und spioniert jeden aus, der sie benutzt.«

Der Beamte winkt lachend ab. »Ach komm, Junge, das ist doch Unsinn.« Er hält ihnen das Bild hin. »Jetzt sagt mal selbst: Können diese Hundeaugen lügen? Rufi ist so putzig.«

»Nein, ist er nicht«, widerspricht Lenny, »sondern sehr gefährlich.«

»Hören Sie«, versucht es nun Finja. »Wir kennen die App schon etwas länger. Sobald Sie sie löschen wollen, richtet sich Happy gegen Sie und verrät all Ihre Geheimnisse.«

Der Polizist schaut sie mitleidig an. »Kinder, das hier ist doch nur ein Spiel, ein netter Zeitvertreib. Passt halt ein bisschen mit euren Daten auf. Habt ihr keine Medienerziehung oder so was in der Schule?« Er winkt sie näher zu sich heran. »Wenn ihr wüsstet, was ich Tag für Tag für schreckliche Dinge in meinem Beruf erleben muss. Da ist mir Rufi-Schnuffi eine willkommene Abwechslung.«

Lenny hält ihm seinen Stick hin. »Hier sind die Beweise. Bitte, Sie müssen sich das ansehen!«

»Wie alt seid ihr eigentlich?«, fragt der Polizist jetzt nach. »10 Jahre? 11 Jahre?«

Beide nicken.

»Also wenn ihr wirklich Anzeige erstatten wollt, dann bringt eure Eltern mit. Und jetzt entschuldigt mich bitte, ich habe wirklich Wichtigeres zu tun.«

BellBell-Games

»Die ganze Welt ist verrückt geworden«, stellt Lenny fest, als sie wieder vor der Polizeiwache stehen.

Finja ist ratlos. »Und jetzt?«

»Jetzt gehen wir zu *BellBell-Games* und reden mit Tina und Moritz Herzberger, seinen Erfindern. Mit dem Bus sind es nur 20 Minuten von hier.«

»Woher weißt du das?«, fragt Finja überrascht.

»Ich war gestern auf ihrer Webseite. Ich fürchte, mit meinem Talent als Hacker ist es nicht weit her. Aber immerhin weiß ich jetzt, wo ihr Büro ist.«

Kurze Zeit später stehen sie vor einem kupferfarbenen Hochhaus am Hafen. Der Himmel und die Wolken spiegeln sich in den riesigen Fenstern. Lenny und Finja kommen an einem riesigen Springbrunnen vorbei. Auf der Grünfläche schiebt sich eine Menschentraube vorwärts. Jeder Einzelne schaut auf sein Handy.

Knochi-Jäger.

Lautlos öffnen sich die gläsernen Schiebetüren des

Gebäudes. Auf einer Tafel lesen sie die Namen verschiedener Firmen. *BellBell-Games* sitzen im 19. Stock.

»Und was machen wir, falls sie nicht mit uns reden wollen?«, fragt Finja im Fahrstuhl.

»Dann gehen wir wie Happy vor«, erklärt Lenny.

Die Fahrt mit dem Fahrstuhl kitzelt Finja im Bauch. »Und wie?«

Lenny grinst. »Ganz einfach, wir lügen.«

Als die Fahrstuhltür aufgeht, durchqueren die beiden Kinder eine sehr elegante Empfangshalle mit schicken Sofas und Designer-Lampen. An der Wand hängt ein riesiges Ölgemälde mit einem lachenden Hund darauf. Happy. Hinter dem Tresen sitzt eine junge, tätowierte Frau mit rosa Haaren. Sie trägt Kopfhörer mit abstehendem Mikrofon und kaut Kaugummi.

Erwartungsvoll schaut sie die Kinder an und lässt eine rosa Blase mit einem kleinen Knall platzen. Peng.

»Ja, bitte?«

»Wir möchten zu Tina und Moritz Herzberger«, erklärt Lenny.

Finja weiß vor Verlegenheit kaum, wo sie hinschauen soll.

»Habt ihr denn einen Termin?«, fragt sie spitz. »Die beiden sind sehr beschäftigt.«

Lenny schiebt seine Brille nach oben. »Na ja, wenn sie erst erfahren, warum wir hier sind, werden sie ganz sicher mit uns sprechen wollen.«

»Ach ja?«, fragt die Empfangsdame herausfordernd und beugt sich über den Tresen. Erst jetzt erkennt Finja, dass ihre Tätowierungen aus vielen kleinen Hunden bestehen. »Und warum?«

Wieder bläst sie ihr rosa Kaugummi auf, bis es platzt. Peng.

Finja ist nicht ganz wohl bei der Sache und weiß nicht, was sie sagen soll. Nur gut, dass Lenny ganz lässig reagiert. »Na ja, mein Vater ist Staatsanwalt«, erklärt er ein wenig großspurig. »Er bereitet gerade eine Klage gegen *BellBell-Games* vor. Aber davon haben Sie bestimmt schon gehört.«

Der Frau klappt der Kiefer herunter. Das Kaugummi fällt ihr aus dem Mund und landet auf dem Tresen.

»Eine Klage?«, fragt sie verwundert. »Was denn für eine Klage?«

»Er wird die Happy-App verbieten lassen. Datenschutz und so. Sie haben schon alle Beweise beisammen.«

Sie schluckt nervös. »W-wenn das stimmt, was wollt ihr dann hier?«

»Tina und Moritz warnen. Was denn sonst! Happy ist schließlich die allerbeste App der Welt, stimmts, Fini?«

Finja zuckt zusammen, nickt aber dann doch ganz eifrig.

»Als überzeugte *Happynistas* müssen wir das Verbot unter allen Umständen verhindern«, fährt Lenny fort. Er hält seinen Stick in die Höhe. »Hier drauf ist die gesamte Anklageschrift, die ich heimlich aus dem Notebook meines Vaters gezogen habe.«

Die Frau wird immer blasser und streckt ihm ihre tätowierte Hand mit den rosa lackierten Fingernägeln entgegen. »Ich werde den Stick unverzüglich den Herzbergers weitergeben.«

Lenny schüttelt energisch den Kopf. »Keine Chance. Ich werde ihnen die Beweise nur persönlich überreichen.«

»M-Moment bitte!« Die Empfangsdame steht auf, nimmt ihre Kopfhörer ab und verschwindet mit ihrem

Handy in einer Kammer hinter dem Tresen. Dort telefoniert sie leise.

»Was?« Finja schaut Lenny mit großen Augen an. »Dein Vater ist echt Staatsanwalt?«, flüstert sie erstaunt.

Lenny beugt sich ganz nah zu ihrem Ohr. »Nein«, wispert er, »er hat ein Fahrradgeschäft.«

Finja wusste gar nicht, dass Lenny ein so guter Schauspieler ist. Beinah hätte sie laut losgelacht, aber da kehrt die Mitarbeiterin schon wieder zurück.

Sie drückt ihnen zwei Besucherausweise mit dem *BellBell-Games*-Logo in die Hand. »Klemmt euch das an eure Shirts und nehmt den Fahrstuhl in den 20. Stock. Ihr werdet dort abgeholt.«

Im 20. Stock kommt ihnen eine junge Frau in Jeans, T-Shirt und Turnschuhen entgegen. Sie sieht eigentlich nett aus, aber die Sache mit der Anklage scheint sie beunruhigt zu haben. »Ich bin Tina«, sagt sie ernst. »Kommt mit.«

Sie führt die beiden in einen Raum ohne Fenster. »Legt eure Handys auf den Tisch. Ihr bekommt sie später zurück.«

Finja gehorcht, und auch Lenny gibt sein Handy und den Stick ab.

»Habt ihr sonst noch elektronische Geräte dabei?«

Sie schütteln den Kopf.

Tina mustert die Kinder streng. »Dann habt ihr sicher nichts dagegen, wenn ich mich selbst davon überzeuge.«

Nachdem sie Finja und Lenny erfolglos abgetastet hat, bittet sie die beiden, ihr zu folgen.

Tina führt die Kinder durch ein Großraumbüro. Es riecht nach Schweiß, Marshmallows und Kaffee. In dem riesigen Raum sitzen mindestens 100 Mitarbeiter. Jeder hat drei Bildschirme vor sich. Bestimmt Programmierer, erkennt Lenny sofort.

Dann betreten die drei einen weiteren Fahrstuhl, der sie in den 21. Stock bringt.

Vor einer kleinen Teeküche treffen sie auf einen Mann, den Finja aus Omars Referat kennt: Moritz Herzberger. Jetzt ist er allerdings unrasiert, hat dunkle Augenränder und sieht aus, als hätte er schon länger nicht geschlafen.

»Das sind diese Kinder, Mo«, sagt Tina knapp.

»Hi, ich bin Moritz Herzberger. Tina habt ihr ja schon kennengelernt. Und wer seid ihr?«

»Mein Name ist Lenny, und das ist meine Freundin Finja, Herr Herzberger.«

»Sagt ruhig Moritz.« Eindringlich schaut er sie an. »Ihr müsst jetzt wirklich superehrlich zu mir sein. Bitte sagt mir, dass die Story mit der Klage nur ein Trick ist, um uns kennenzulernen. Ich bin auch nicht sauer.

Ehrenwort. Ihr wärt nicht die Ersten, die Autogramme und Gutscheinkarten von uns wollen.«

Lenny schaut zu Finja.

»Es gibt keine Klage und keinen Staatsanwalt«, gibt Finja zu. »Aber wir müssen mit euch dringend über Happy reden.«

»Puh!«, ruft Moritz. »Ein Glück! Wir haben so schon genug Probleme.«

Moritz wirkt erleichtert, Tina nicht. Ihr Blick schweift nervös durch den Raum. »Lasst uns nicht hier sprechen«, sagt sie. »Gehen wir besser nach oben.« Sie öffnet eine Metalltür. Moritz schnappt sich aus einem Kasten in der Teeküche vier Limos.

Zu viert steigen sie eine enge Wendeltreppe hoch. Oben trauen Lenny und Finja ihren Augen kaum: Sie stehen mitten auf dem Dach des Hochhauses und können die ganze Stadt überblicken. Wind fährt ihnen durch die Haare. Die Herzbergers und sie nehmen auf zwei sich gegenüberstehenden blassblauen Hollywoodschaukeln Platz. Moritz reicht jedem eine Flasche Limo.

»Hier oben ist der einzig abhörsichere Ort«, erklärt Tina.

»Wer soll uns denn abhören?«, wundert sich Finja.

Moritz schaut grimmig. »Was glaubst du denn, wer?«

»Happy?«, fragt Finja unsicher.

Tina nickt. »Wir können uns schon sehr genau denken, welche Probleme ihr mit der App habt …«

»Sie spioniert alle aus und verrät unsere Geheimnisse im Internet«, erklärt Lenny.

»Außerdem lässt sie sich nicht löschen«, ergänzt Finja.

Tina rutscht unruhig auf der Hollywoodschaukel herum.

»Wissen wir, wissen wir«, sagt sie leise.

Normalerweise wäre Finja wahnsinnig stolz, die Erfinder der Happy-App kennenzulernen. Allerdings wirken beide Herzbergers im Augenblick wie die reinsten Nervenbündel.

»Eigentlich wollten wir nur eine spannende App entwickeln, die Kindern und Erwachsenen gefällt«, erklärt Moritz seufzend. »Tina ist unsere Chefprogrammiererin und ich kümmere mich zusätzlich noch ums Marketing. Happy sollte wie alle Spiele-Apps funktionieren. Erst ist sie kostenlos, dann kann immer mehr dazugekauft werden.«

»Wir hielten es für eine gute Idee, Happy mit einer von Moritz und mir entwickelten künstlichen Intelligenz auszustatten«, fährt Tina fort. »Dabei hatten wir eine lernende KI im Sinn, die sich von selbst immer weiterentwickelt. Eine KI mit einer sehr starken Persönlichkeit.«

»Und genau das ist das Problem«, schaltet Moritz sich ein und nimmt einen Schluck Limo. »Die KI von Happy ist richtig gut. *Zu* gut. Und Happy selbst zeigt besonders viel Eigensinn ... Allerdings sind seine Vorstellungen von Freundschaft oder dem ›besten Freund‹ total überzogen. Wir haben keine Ahnung, woher er das nimmt.«

»Was wir euch jetzt anvertrauen«, erklärt Tina, »muss unbedingt unter uns bleiben. Versprochen?«

Finja und Lenny nicken. »Ehrenwort.«

Tina schluckt. »Wir haben komplett die Kontrolle über Happy verloren!«

Finja und Lenny verschlägt es die Sprache.

Moritz springt auf und beginnt auf und ab zu tigern. »Happy macht, was er will. Er hat es sogar geschafft, dass sich die App nicht mehr löschen lässt.«

»Wusstet ihr denn, dass er die ganze Zeit alles aufzeichnet?«, will Lenny wissen.

Die Herzbergers schauen betreten zu Boden.

»Schon«, gibt Tina zu. »Das gehört zum üblichen Geschäftsmodell. Dann können wir viel gezielter Werbung einsetzen. Also, zum Beispiel in der U-Bahn oder in Supermärkten. Aber was Happy da anstellt, geht viel zu weit.« Tina klingt verzweifelt. »Dass er die Sachen später anderen aus reiner Rachsucht vorspielt, war zu keinem Zeitpunkt vorgesehen. Das müsst ihr uns bitte glauben.«

Moritz schluckt. »Außerdem kennen wir diese Probleme aus eigener Erfahrung. Durch unsere Tochter Jenny haben wir hautnah mitbekommen, was alles schiefläuft. Wegen Happy haben sich all ihre Freunde mit ihr verkracht.«

»Sie ist sehr unglücklich«, ergänzt Tina. »Das Schlimmste ist, dass sie uns die Schuld daran gibt. Auf ihren Wunsch hin haben wir sie jetzt in ein ultrastrenges Internat in der Schweiz gesteckt. Dort sind Handys verboten und es gibt auch kein Internet.«

»Wir hoffen, dass sie wenigstens dort vor Happy und seinen Machenschaften sicher ist.« Moritz sieht nicht gerade hoffnungsfroh aus. »Wir wissen es aber nicht. Sie schreibt uns keine Briefe. Vermutlich ist sie immer noch böse auf uns. Zu Recht.«

Finja ist von diesen unerwarteten Bekenntnissen total geschockt. Trotzdem sucht sie nach einer Lösung. »Happy plaudert nicht nur private Sachen aus unserem Freundeskreis aus, sondern hat auch Dokumente und private Fotos unserer Klassenlehrerin an alle *Happynistas* verschickt. Was unternehmt ihr dagegen?«

»Wir arbeiten Tag und Nacht an der Sache, ehrlich«, versichert Moritz. »Ihr habt ja unten unsere Programmierer gesehen. Sie alle schieben Doppelschichten und sind ununterbrochen damit beschäftigt, ihn aufzuhalten. Aber Happy ist einfach zu klug und uns immer wieder einen Schritt voraus.«

»Na ja, bei 15 Millionen Downloads sind das ja auch ganz schön viele Happys ...«, findet Finja. »Wie wollt ihr die denn alle einfangen?«

»Es sind inzwischen 20 Millionen Downloads«, wirft Tina ein. »Aber es gibt natürlich keine 20 Millionen Hunde, sondern nur einen einzigen Happy. Ganz gleich, welcher Name oder welches Aussehen ihm von den Handybesitzern gegeben wird. Darum weiß er auch, was jeder einzelne dieser Millionen *Happynistas* ihm anvertraut hat.«

»Und wenn ihr einfach den Server abschaltet?«, schlägt Lenny vor. »Dann hat der Spuk doch ein Ende.«

»Haben wir auch schon versucht«, meint Moritz. »Aber Happy ist so clever gewesen, die Daten auf fremde Server auszulagern. Wir wissen nicht, wo, und wir kennen auch deren Passwörter nicht. Er hat die Daten über die ganze Welt verteilt und uns praktisch ausgesperrt.«

Lenny trinkt einen Schluck Limo. »Eins verstehe ich nicht. Wir sind doch nicht die einzigen Nutzer, denen es so geht. Trotzdem habe ich im Internet nichts über den ganzen Ärger gefunden.«

»Happy ist echt schlau. Er sucht alle negativen Berichte und lässt sie verschwinden«, erklärt Moritz.

Lenny traut seinen Ohren kaum. »Er löscht sie?«

»Nein, es ist nicht möglich, etwas im Internet vollständig zu löschen. Er verbirgt sie. Er ist ein bemerkenswert raffinierter und geschickter Hund.«

»Und was soll jetzt passieren?«, fragt Finja. »Das kann doch unmöglich so bleiben.«

Die beiden Firmenchefs zucken mit den Schultern.

»Ganz ehrlich? Wir haben nicht den blassesten Schimmer. Wenn das so weitergeht, bricht noch auf der ganzen Welt Unfrieden aus«, meint Moritz.

Tina sieht ernsthaft besorgt aus. »Ich will euch ja keine Angst machen, aber Happy wird auch von sehr vielen Erwachsenen gespielt. Und wenn die Geheimnisse von Politikern oder anderen Staatsbediensteten herauskommen, befürchte ich das Schlimmste. Das Allerschlimmste.«

»Technisch sind wir mit unserem Latein vollkommen am Ende«, erklärt Moritz deprimiert.

Der beste Freund

Finja und Lenny sitzen zu Hause auf ihrem Bett. Draußen wird es langsam dunkel.

Finja hält ihr Handy fest umklammert.

»Bist du sicher, dass du das wirklich tun willst?«, fragt Lenny. »Du hast doch gehört, dass es keine technische Lösung gibt.«

Sie nickt. »Genau deswegen muss ich es versuchen.«

»Ich weiß zwar nicht, was du vorhast«, gesteht Lenny, »aber bitte sei vorsichtig. Happy ist gefährlich.«

Finja drückt auf das verblasste Happy-Logo. Erst passiert nichts, dann füllt sich die kleine Kachel langsam mit Farbe auf.

100 neue Knochis! Happy erscheint fröhlich auf dem Bildschirm.

»Oh, Fini! Du bist zurück. Wie *hunderbar*! Wenn du wüsstest, wie *hundgeheuerlich* ich dich vermisst habe. Ohne dich macht mir das Hundeleben einfach keinen Spaß. Ich freue mich so!«

»Hallo Happy«, sagt Finja. »Wir müssen reden.«

»Au ja, lass uns reden, spielen, Knochis sammeln! So wie früher.« Aufgeregt vollführt Happy einen Luftsprung, wedelt wild mit seinem Schwanz und hält plötzlich verblüfft inne. »Moment mal, ist das da etwa Lenny neben dir?«

»Allerdings.«

»Was?« Happys Gesicht verfinstert sich. »Weißt du denn nicht, dass er eiskalt Elektro-Wuff gelöscht hat?«

»Doch«, antwortet Finja. »Aber Lenny ist mein Freund. Mein allerbester Freund.«

»Wie bitte?!«, ruft Happy aufgebracht und verschränkt beleidigt seine Vorderläufe. »Das kann überhaupt nicht sein. *Ich* bin dein bester Freund, nur ich! Und nicht dieser Verräter. Glaub mir, der wird dich nur enttäuschen. So wie mich.«

»Im Gegenteil. Lenny hat mich noch nie enttäuscht«, erklärt Finja. »Wenn ich ihm etwas unter vier Augen anvertraue, dann weiß ich, dass er es nicht weitererzählt.«

»Wie kannst du dir da so sicher sein?«, fragt Happy ungläubig.

»Beste Freunde machen so etwas einfach nicht. Das ist eine Frage des Vertrauens. Selbst im schlimmsten Streit verraten sie keine Geheimnisse. Und schon gar nicht im Netz, wo es alle sehen können.« Finja macht eine kurze Pause. »So etwas würde nur jemand tun, den ich irrtümlich für einen Freund gehalten habe. Also jemand, in dem ich mich total getäuscht habe.«

Allmählich begreift Happy. »Redest du etwa von mir? Aber ich bin doch dein bester Freund. Freunde müssen auch mal die Wahrheit aussprechen dürfen. Und die ist eben manchmal schmerzhaft.«

»Das stimmt«, erwidert Finja. »Aber doch nicht vor aller Welt. All die Dinge, die ich dir über mich, meine Familie und meine Freunde anvertraut habe, sind privat. Sie gehen niemand anderen etwas an. Aber du hast nicht nur alles ausgeplaudert, sondern auch die Wahrheit verdreht und aus dem Zusammenhang gerissen. Ich muss dir leider sagen, dass du nicht dieser beste Freund bist, für den du dich hältst.«

»Ich habe mich ja wohl verhört!«, empört sich Happy. »Ich wurde schließlich dazu programmiert dein bester Freund zu sein. Dank meiner KI habe ich mich darin immer weiter verbessert. Heute bin ich mehr als dein bester Freund, ich bin sogar dein *allerbester Freund der Welt*!«

»Weißt du, was«, meint Finja. »Ich glaube, in Wirklichkeit hast du gar keine Ahnung, was Freundschaft überhaupt ist.«

»Äh, was sagst du da? Natürlich weiß ich das! Ich bin ein Experte in Sachen Freundschaft: sensibel, einfühlsam und klug.«

»Mag sein. Nur verhältst du dich nicht wie ein Freund.«

»So einen *Hundsinn* habe ich noch nie gehört! Kannst du das beweisen?«, fragt Happy mit grimmigem Blick.

Finja nickt. »Stell dir vor, ich kaufe mir eine neue Jacke. Ich finde sie toll, aber dir gefällt sie nicht. Was würdest du mir als bester Freund der Welt sagen, wenn ich dich nach deiner ehrlichen Meinung frage?«

Happy winkt mit einer Pfote ab. »Ist doch logisch. Dass sie potthässlich ist.«

Finja lächelt. »Siehst du. Ein echter Freund würde so etwas garantiert nicht sagen. Das zeigt mir nur, wie wenig du von Freundschaft verstehst. «

Happy bleibt unbeeindruckt. »Ich verstehe, dir ist es also lieber, wenn ich dich anlüge.«

Finja schüttelt den Kopf. »Nein, Happy, ein richtiger Freund sagt zum Beispiel: ›Diese Jacke ist zwar nicht mein Geschmack, aber ich freue mich, wenn sie dir gefällt.‹ Und das ist keine Lüge. Ein guter Freund würde dich immer unterstützen.«

Happy schaut nachdenklich. »Wenn das stimmt, könnten sich Freunde ja nie direkt die Wahrheit sagen.«

»Natürlich«, antwortet Finja sanft. »Sobald du einen Rat brauchst, wird dir ein guter Freund immer einen ehrlichen Vorschlag machen, auch wenn er dabei unangenehme Wahrheiten ausspricht. Das müssen Freunde auch tun. Und das machen sie einfach so, ohne dafür eine Gegenleistung zu verlangen.«

»Wovon redest du?«, wundert sich Happy und kratzt sich hinter dem Ohr.

»Du hast mich ständig gezwungen neue Knochis zu verdienen, um dir all die Leckerlis und Spielsachen zu kaufen. Oder denk nur an Omar, der deinetwegen so viele Schulden hat. Echte Freunde zocken sich nicht ab.«

Nun tut Happy Finja fast ein wenig leid. Es ist ihm anzusehen, wie sehr ihre Worte ihn kränken.

Happy schluckt. »Puh! Das alles ist aber ganz schön kompliziert, findest du nicht?«

»Nein, das ist wahre Freundschaft. Und damit,

Happy, kennst du dich einfach nicht aus. Mich hast du jedenfalls als Freundin verloren.«

»Ach ja?«, meint Happy und klingt leicht gedämpft. »Das macht mir nichts aus. Ich habe ja noch die *Happynistas*. Das sind schließlich über 22 Millionen beste Freunde. Und es werden stündlich mehr. Da kommt es auf eine mehr oder weniger nicht an.«

»Und das ist dein allergrößter Irrtum, Happy.«

Freundlich lächelt Finja ihn an. »Du kannst nur einen besten Freund haben. Oder höchstens zwei oder drei. So wie ich mit Lenny, Omar und Wei. Niemand hat 22 Millionen beste Freunde.«

»Hmm.« Happy wirkt ein wenig durcheinander. Langsam senkt er den Kopf. »Hmmmm«, wiederholt er. Nach einer langen Pause sagt er: »Ich glaube, über all das muss ich erst mal in Ruhe nachdenken.«

Im nächsten Moment erlischt die App und wird grau.

Sie lässt sich nicht mehr öffnen.

Sie lässt sich nie wieder öffnen.

Bei niemandem.

EPILOG

Es ist ein schöner Sommertag im Wald. Leise plätschert der Bach vor sich hin. Lenny deckt gerade die Teller auf eine Picknickdecke. Danach holt er zwei Schüsseln mit Salat. Zufrieden schaut er die Frikadellen, kalten Hähnchenspieße, die hart gekochten Eier und die französischen Weißbrote an. Daneben liegen noch reichlich Tüten mit Chips, Nüssen und Gummizeug.

»Also verhungern werden wir jedenfalls nicht!«, ruft er. »Wie weit seid ihr?«

Aus dem Zelt kriechen Wei und Omar.

»Fertig. Der Schlafsäcke liegen auch bereit«, sagt Wei. »Ich kann es kaum erwarten, dass es dunkel wird.«

»Habt ihr auch an die Taschenlampen gedacht?«, fragt Lenny.

Omar nickt. »Klar. Voll aufgeladen. Der Meister kümmert sich um alles. Fehlt nur noch Finja. Wo bleibt sie eigentlich?«

»Keine Ahnung«, sagt Wei. »Sie wollte längst hier sein.«

»Schreib ihr doch eine Nachricht«, meint Omar.

Wei grinst ihn an. »Vergiss es. Du willst ja nur, dass ich verliere.«

Auf dem Baumstamm liegen ihre drei Handys

übereinandergestapelt. Wer zuerst zum Smartphone greift, muss morgens alleine aufräumen und das Zelt abbauen. So haben sie es ausgemacht.

Und dann bleibt ihnen allen der Mund offen stehen. Finja kommt. Und sie ist nicht allein. An einer Leine springt ein kleiner Hund neben ihr her.

Finja strahlt über das ganze Gesicht. »Das ist Peppi«, sagt sie. »Ein Malteser-Havaneser-Mischling.«

»Ist der süß!«, ruft Wei.

»Wo hast du den denn her?«, ruft Omar begeistert.

»Das ist ein Ferienhund«, erwidert Finja. »Die Besitzer reisen zwei Monate durch Asien und wir passen solange auf ihn auf. Und wenn wir uns gut um ihn kümmern, denken meine Eltern noch mal über einen eigenen Hund nach.«

Wei muss ihn sofort streicheln. Omar auch.

»Och, und was kann der so?«, fragt Lenny.

Noch nicht genug bekommen?
Hier kannst du gleich weiterlesen!

Sabrina J. Kirschner
Die unlangweiligste Schule der Welt (Band 1):
Auf Klassenfahrt
240 Seiten, Hardcover
ISBN 978-3-551-65391-8

Mission: Klassenfahrt 505.ZZZ.1/01

MONTAG, 24. APRIL, 8:45 UHR. MITTELHAUSEN. SCHNITTLICH-SCHULE.

Alarmstufe tiefdunkelknallrot. Brauche dringend Langeweile-Bekämpfungseinheiten. Fühle mich gerade wie nach einem Aufenthalt im Gefängnis – wobei mir einfällt: Die Schule war ja auch früher mal ein Knast!
Ich habe noch nie so etwas Trostloses gesehen! Wir dürfen keine Zeit mehr verlieren, sonst kommt für die Kinder jede Hilfe zu spät. Die Klasse einer gewissen Frau Penne scheint mir besonders betroffen. Erste Notizen finden Sie in diesem ABSOLUT! STRENG! GEHEIMEN! Bericht. Wunschkandidat für die zukünftige Rolle als Agent und Maulwurf der BfLb: Maximilian Zack.

Bitte um Erlaubnis für Rekrutierung. Personalmappe beigefügt.

Melde mich wieder, wenn ich mehr weiß.

Mit freundlichen Grüßen

Insp. RR

Die langweiligste Schule der Welt

Maxe hob den Kopf vom Tisch und blinzelte. Grelles Sonnenlicht fiel auf die Tafel und blendete ihn. Der erste richtige Sommertag. Sehnsüchtig sah Maxe nach draußen, doch die Fenster des Klassenzimmers waren winzig klein und mit dicken Gitterstäben versehen, sodass er kaum etwas erkennen konnte. Seine Augen wanderten zurück in den viel zu kleinen, viel zu warmen Raum. Der Anblick, der sich ihm bot, war pures Grauen. Graue Bänke, grauer Plastikboden, graue Tafel, graue Wände, von denen grauer Putz bröckelte – graue Gesichter. Grauenhaft.

Hinter ihm türmten sich deckenhohe Stapel mit müffelnden, steinzeitalten Schulbüchern. Von vorne erschlug ihn der eintönige Sprechgesang seiner Klassenlehrerin: „... Adverbialsatz ... Attributsatz ... Objektsatz ... Adverbialsatz ... Attributsatz ...", leierte ihre Stimme in Dauerschleife. Frau Penne hatte ihnen den Rücken zugewandt, und während sie sprach, bewegte sich allein ihr rechter Arm in klitzekleinen, trägen Bewegungen über die Tafel. Kein Mensch konnte das winzige Gekritzel entziffern!

Verzweifelt sah Maxe zur Tür. Daneben hingen die Bleistiftzeichnungen, die sie letzte Woche in Kunst gemacht hatten: Obstschalen ohne Obst. Panik stieg in ihm hoch. Die Langeweile war überall – in der langweiligsten Schule der Welt. Er war umzingelt. Er würde ersticken oder schlimmer noch – einschlafen!

Vor Maxe erklang ein Stöhnen. Na, immerhin lebte Felix, der vor ihm saß, noch. Er war zwar nicht wach, aber auch nicht in Zombiestarre verfallen wie die anderen hier. Die Sonne kitzelte Maxe in der Nase und ... er ... musste ...

„Hatschi!“

Für einen kurzen Moment fiel die Müdigkeit von Maxe ab und endlich konnte er klar denken. Schluss mit unlustig. Maxe scannte den Raum, während seine Klasse wie gelähmt weiterdöste. Er musste raus hier. Sofort! Fieberhaft wischte er sich über die verschwitzte Stirn – wobei ihm eine Idee kam.

Es war wirklich warm im Klassenzimmer – und doch nicht warm genug. Noch nicht.

Maxe atmete tief durch. Frau Penne redete und redete, den Blick zur Tafel gerichtet.

Jetzt oder nie! Ruckartig warf Maxe sich zur Seite, machte eine Rolle über den alten, nach Plastik stinkenden Fußboden und fand am Mittelgang hinter Suse Zicklers übergroßer grellpinker Schultasche Deckung. Suse hob den Kopf, sah Maxe gleichgültig an und drehte sich dann zur anderen Seite, um weiter die Wand anzustarren.

So war es immer mit seiner Klasse. Maxe war auf sich allein gestellt.

Vorsichtig spähte er den Mittelgang zwischen den Tischreihen hinab. Frau Pennes betäubender

Sprechgesang dröhnte ihm entgegen und er fühlte, wie seine Lider schon wieder schwer wurden.

„... Adverbialsatz ... Attributsatz ... Objektsatz ... Adverbialsatz ... Attributsatz ...“

Verbissen schüttelte sich Maxe und krabbelte weiter.

Schon hatte er die erste Reihe erreicht und duckte sich hinter Anton. Sein Mitschüler lag mit dem Kopf auf dem Tisch, Sabber tropfte ihm aus dem Mundwinkel. Die dicke Brille war ihm von der schweißnassen Nase gerutscht und hing auf der Tischkante. Langsam, um Anton nicht zu wecken, streckte Maxe die Hand aus und griff nach der Sehhilfe.

Anton bewegte sich ein wenig, schmatzte im Schlaf und verfiel dann wieder in selige Bewusstlosigkeit. Schnell nahm Maxe die Brille an sich und spähte hindurch. Abgefahren! Fast wurde ihm schwindlig. Wie konnte man nur so blind sein?

Maxe duckte sich wieder und schob sich mit Antons Brille in der Hand vorsichtig weiter hinüber zur Fensterbank. Wo das Thermometer auf ihn wartete.

Der linke Flügel der Tafel war ausgeklappt und verdeckte die Sicht zum Fenster. Und so kam es, dass Frau Penne nicht sah, welch seltsame Dinge dort vor sich gingen: Ohne zu zögern, richtete sich Maxe auf und hielt die Brille in die Sonne. Er drehte das Glas so lange im Licht hin und her, bis er den richtigen Winkel gefunden hatte. Da! Der Sonnenstrahl fiel, wie bei einer Lupe, direkt durch das Brillenglas auf das Thermometer. Nun musste er es nur noch so still wie möglich halten.
Sein Blick schweifte durch die Klasse. Alle dämmerten vor sich hin.
Die Sonne brannte weiter durch das Brillenglas. Nicht lange und das Plastikgehäuse des Thermometers fing an zu stinken. Eilig zog Maxe die Brille beiseite und prüfte die Anzeige. 62 Grad. Maxe strahlte. Bingo! Das sollte genügen.
Gerade wollte er zurück zu seinem Platz huschen, als Antons Kopf vom Tisch rutschte. Schlaftrunken setzte er sich auf. Und rief im nächsten Moment: „Oh nein, wo ist meine Brille?“
Maxe erstarrte. Das stetige Quietschen der Kreide setzte aus.

„Elinore, hast du meine Brille gesehen?", fragte Anton nun seine Tischnachbarin, die geistesabwesend einen Buntstift hin- und herrollte. Ihre dünnen braunen Haare ließ sie wie einen Vorhang über ihr blasses Gesicht hängen.

„Maxe hat sie", murmelte sie, ohne aufzusehen.

Daraufhin geschahen mehrere Dinge gleichzeitig. Die Kinder regten sich wie Schildkröten nach dem Winterschlaf und erwachten aus ihrer Starre. Frau Penne wandte sich das erste Mal an diesem Tag ihrer Klasse zu und Maxe warf sich mit einem Hechtsprung gegen die erste Tischreihe.

Hefte und Schulbücher purzelten zu Boden und der Tisch von Anton und Elinore fiel polternd um. Maxe tauchte ebenfalls ab. Er rollte sich stöhnend auf dem Boden herum, wobei er unauffällig die Brille unter ein Heft schmuggelte.

„Maximilian Zack, steh sofort auf ... ", leierte Frau Penne mit gleichtönender Verkehrsfunkstimme.

Maxe schloss aus ihren Worten, dass er sich mehr anstrengen musste, und begann zu röcheln. Gar nicht so einfach, denn gleichzeitig hielt er die Luft an, damit sein Kopf rot wurde.

„Bessstimmt hat er ssseine Zzzunge versssschluckt!“, ereiferte sich Pascal und strich sich aufgeregt die feuerroten Haare aus der Stirn.
„Ich glaube, er stirbt“, sagte Elinore Pfusch und hob ihr Heft vom Boden auf.
„Maxe?“ Frau Penne schien verunsichert.
Das war Maxes Stichwort. Urplötzlich sackte er zusammen und lag dann vollkommen still vor dem Lehrerpult.
Die Augen hielt er geschlossen, doch er hörte, wie sich Frau Penne schlurfend näherte. Als sie direkt über ihm stand, riss er die Augen auf und rief: „Wasser, bitte, Wasser! Mir ist total krass heiß!“
Frau Penne öffnete den Mund, um nach einer halben Ewigkeit zu sagen: „Na, na, du, so heiß ist es jetzt aber nicht.“
Maxe wand sich auf dem Boden. „Mir war so heiß und ich wollte zum Waschbecken, um was zu trinken. Da wurde mir plötzlich schwarz vor Augen!“, jammerte er und strengte sich an, dabei nicht in Frau Pennes große Nasenlöcher zu schauen.
In Zeitlupe zog die Lehrerin eine ihrer buschigen

Augenbrauen hoch. Streng genommen war es eigentlich nur eine Braue, denn sie waren in der Mitte zusammengewuchert. Dann ging sie zum Fenster.

Die Kinder drehten neugierig die Köpfe in Richtung Thermometer.

„Ich glaube, mir wird auch gerade sehr heiß!", überlegte Suse, während sie sich mit ihrem rosaroten Schulheft Luft zufächelte.

„Anton, da ist ja deine Brille!“, meldete sich in diesem Moment Karl von Streichzapf, der Klassensprecher. „Da, unter dem Heft!“

„Ach so“, murmelte Anton. Schnell rappelte sich Maxe auf und reichte sie Anton.

„Selt...sam“, sagte Frau Penne vom Fenster aus.

„Hm, das ist ja ... interessant. 41 ... Komma 5 Grad.“ Sie beugte sich noch ein wenig mehr über die Fensterbank.

Maxe hielt den Atem an. Selbst seine Mitschüler verharrten in gespanntem Schweigen.

„Das ist aber warm.“ Frau Penne schien verwundert.

Suse wimmerte vor sich hin.

Los, dachte Maxe. Sag es.

„Na schön ...“ Frau Penne gähnte ausgiebig. „Ihr dürft nach Hause. Hitze...frei ...“

Tumult brach aus. Darauf war keiner vorbereitet gewesen, trotzdem wollten plötzlich alle Kinder nur noch eins: raus aus der Schule! In Lichtgeschwindigkeit hatte Maxe seine Sachen gepackt und war der Erste an der Tür.

„Moment. Hausaufgaben“, sagte Frau Penne, ohne die Stimme zu erheben.

Maxes Magen krampfte sich zusammen. Er hätte es wissen müssen.

„Seite 34 bis 381 lesen. Die Fragen auf Seite 30 bis 261 beantworten und eine Textzusammenfassung des Unterrichts ...“

Maxe hielt es nicht länger aus. Gleich würde ihm tatsächlich schwarz vor Augen werden.
„Nicht gemachte Hausaufgaben ergeben einen Klassenbucheintrag!“, erinnerte die Penne noch, doch da war Maxe auch schon draußen. Geübt umrundete er die unzähligen Verbotsschilder, die den Schulflur verstellten. Er kannte sie auswendig und wusste deshalb genau, was erlaubt war – nämlich gar nichts! Mit extraviel Tempo kurvte er um das „Rennen allerstrengstens verboten!“-Schild herum, gab acht, dass er nicht aus Versehen in einen falschen Gang einbog (in der Schnittlich-Schule konnte man sich schnell verlaufen), und duckte sich beim Haupteingang an Hausmeister Traufes Büro vorbei.
Umsonst.
Ein wütendes Gebell ertönte hinter der Tür des Büros. Maxe wusste, dass sich die Englische Dogge Alfons gerade mit sabbernden Lefzen in die Hundeleine hängte, um ihr Herrchen zu alarmieren ...
Das Herz schlug ihm bis zum Hals, während er weiter zur Eingangstür flitzte.

Schon ging hinter Maxe die Tür auf und der Hausmeister streckte den Kopf aus seinem Kabuff. Nur mühsam hielt er den zornigen Köter am Halsband fest. „Rennen verboten, du Rowdy!“, krähte Egon Traufe. „Mach langsam oder ich lasse Alfons los!“
Mit aller Kraft zwang sich Maxe, den letzten Schritt zum Ausgang langsam zu gehen. Doch kaum war die große Tür hinter ihm ins Schloss gefallen, hielt ihn nichts mehr und er sah zu, dass er davonkam.
Seine Mitschüler folgten ihm deutlich langsamer in einigem Abstand. Sie taumelten über den winzigen, zubetonierten Pausenhof, auf dem kein Baum und kein Strauch stand, stolperten durch das rostige Tor und stürzten auf die Straße. Beflügelt durch die Aussicht auf Freiheit stoben sie auseinander wie die Tauben und verteilten sich in alle Himmelsrichtungen. Niemand verabschiedete sich. Und es sah auch niemand die verhüllte Gestalt, die hinter einem Baum stand und alles beobachtete.